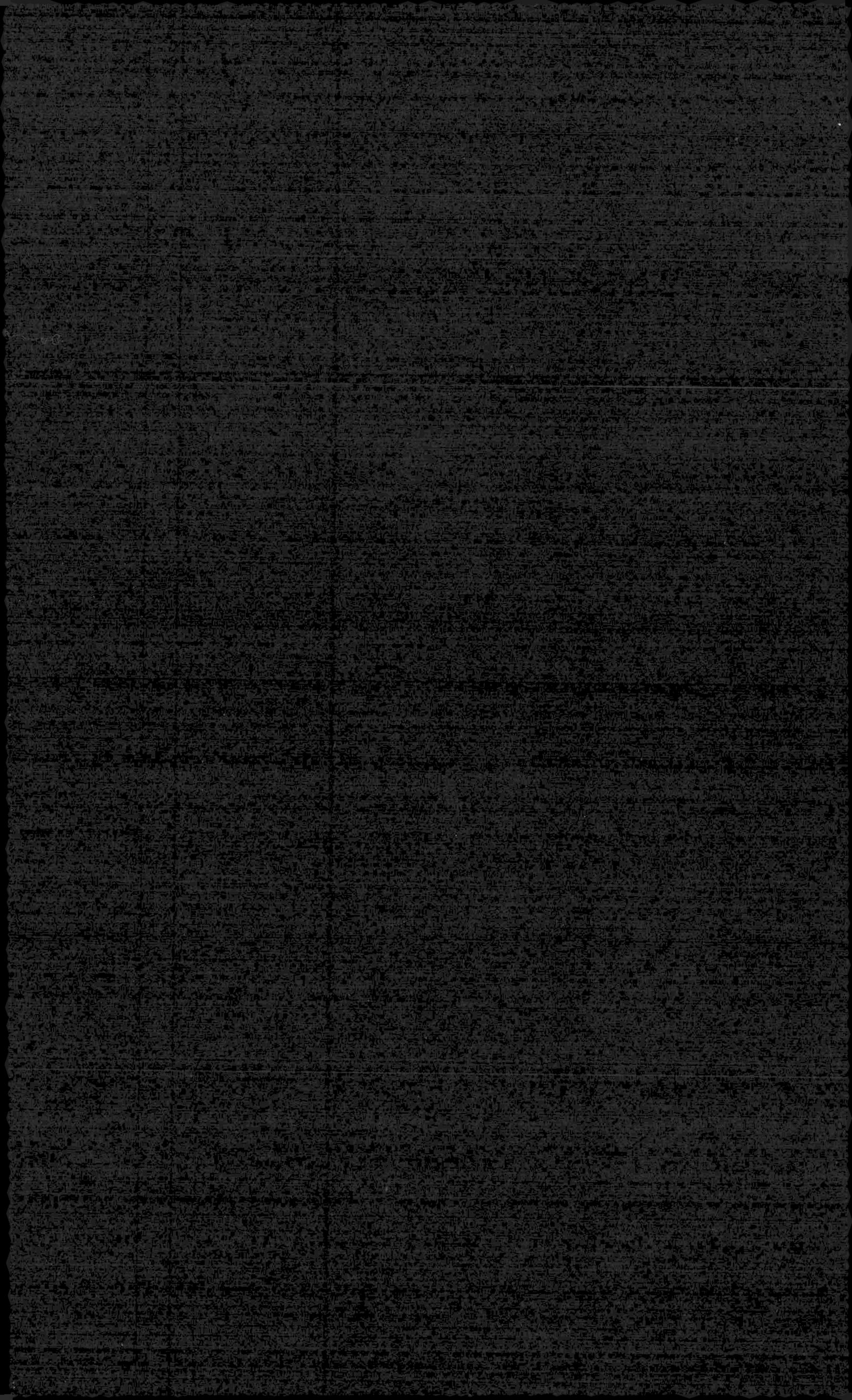

잊혀진 영웅들, 독립운동가

| 일러두기 |

책에 언급한 '이달의 독립운동가'는 국가보훈처 선정 시기를 기준으로 합니다.

잊혀진 영웅들, 독립운동가

정상규 지음

우리가 절대 잊어서는 안 될 이름입니다

김상옥金相玉 · 편강렬片康烈 · 서일徐一 · 신규식申圭植 · 나석주羅錫疇 · 노백린盧伯麟 · 윤세주尹世冑 · 남자현南慈賢 · 이장녕李章寧 · 오동진吳東振 · 이육사李陸史 · 임병찬林炳瓚 · 양기탁梁起鐸 · 신팔균申八均 · 백정기白貞基 · 이준李儁 · 양세봉梁世奉 · 김학규金學奎 · 김지섭金祉燮 · 이종일李鍾一 · 민필호閔弼鎬 · 송종익宋鍾翊 · 양기하梁基瑕 · 송병조宋秉祚 · 김창숙金昌淑 · 민긍호閔肯鎬 · 이원대李元大 · 김마리아金瑪利亞 · 안희제安熙濟 · 이윤재李允宰 · 강우규姜宇奎 · 유인석柳麟錫 · 양진여梁振汝 · 김한종金漢鍾 · 오성술吳成述 · 김규식金奎植 · 나창헌羅昌憲 · 곽재기郭在驥 · 송학선宋學先 · 김경천金擎天 · 채기중蔡基中 · 권기옥權基玉 · 김병로金炳魯 · 이애라李愛羅 · 문양목文讓穆 · 김복한金福漢 · 채응언蔡應彦 · 박차정朴次貞 · 박열朴烈 · 구춘선具春先 · 박재혁朴載赫 · 남상목南相穆 · 윤기섭尹琦燮 · 박찬익朴贊翊 · 이종희李鍾熙 · 권준權晙 · 심남일沈南一 · 신현구申鉉九 · 어윤희魚允姬 · 차희식車喜植 · 김대지金大池 · 이석용李錫庸 · 한징韓澄 · 오면직吳冕植 · 송헌주宋憲澍 · 이준식李俊植 · 차리석車利錫

휴먼큐브

추 천 사

대한민국 해군은 해방병단에 그 뿌리를 두고 있다. 해방병단은 독립운동가 손원일 제독이 창설한 군사조직으로, 제독이 상하이 비밀 연락원으로 활동하던 시절 상하이에 정박한 군함들을 보며 조국을 수호하려면 우리도 군함이 있어야 한다고 생각한 것이 시초가 되었다. 손원일 제독은 중국 남경 중앙대학교 항해과를 수료한 후 상선을 타고 세계 여러 곳을 항해했고, 아버지 손정도 독립운동가와 상하이 임시정부 간부의 영향을 받았다. 일본이 항복한 후 귀국하여 해방병단을 창설, 대한민국 해군을 창설했다.

대부분의 독립운동가는 독립운동가 이전에 평범한 국민이었고 아버지였고 어머니였다. 하지만 조국의 위기 앞에 그들은 조국을 지키는 등불이 되었다. 이 책은 우리가 잊고 있었던 이분들의 '향기'를 다시 불러일으킨다. 그들의 젊음이, 그들의 희생이, 그 위대한 결단이 지금 우리 눈앞에 다시 펼쳐진다.

유삼남 | 전 해군 참모총장, 전 해양수산부 장관

우리 공군은 대한민국 하늘을 지키는 가장 높은 힘으로서 국가안보에 가장 중요한 역할을 수행한다. 공군의 역사는 1920년으로 거슬러 올라간다. 미국에 거주하던 한인 교포들의 성금을 모아 독립운동가 노백린 장군이 설립한 한인 비행학교가 그 시초다. 한인 비행학교의 슬로건은 "반드시 도쿄에 날아가 쑥대밭을 만들자"였다. 1925년에는 한국 최초의 여성 비행사이자 독립운동가 권기옥 선생이 비행사 자격을 취득했고, 1932년 상하이 전쟁 시 폭격 임무를 직접 수행했다. 이처럼 우리 공군의 역사는 독립운동사와 매우 밀접한 관계가 있다. 이 분들 외에도 수많은 의로운 분들이 목숨을 초개같이 여기고 조국과 민족을 위해 헌신했다.

이 책이 일반 국민에게 잘 알려지지 않은, 오랫동안 잊혀져온 분들을 알리고, 보훈업무의 중요성과 국가관에 대해 다시 한 번 재정립하는 계기가 되길 희망한다. 현역 공군 장교 시절, 정상규 예비역 중위는 독립운동가 앱을 만들어 젊은이들의 국가관과 애국심을 고양하는 데 큰 기여를 했다. 더 커진 애국심과 개인적인 신념을 담은 이 책의 출간을 진심으로 자랑스럽게 생각한다.

이억수 | 전 공군 참모총장, 현 공군전우회 회장

보훈의 중요성을 알리고 국가를 위해 희생한 분들을 기리는 것은 이 시대에 꼭 필요한 일이다. 자라나는 세대들에게 지식 추구보다 더 중요한 것은 민족정신과 얼을 일깨우는 것이라고 말하고 싶다. 선조들이 목숨을 바쳐 우리에게 남겨준 이 나라를 다음 세대들이 자긍심을 갖고 더욱 강하게 지킬 수 있도록 우리 모두가 노력해야 한다.

독립운동가들과 항일의병들은 당시 일제의 첨단 무기와 조직에 맞서기 위해 더욱 굳건한 조직을 만들 필요성을 느꼈고, 그 정신은 광복군으로까지 이어진다. 당시 전 국민은 민간인이자 군인 그 자체였고 남녀노소 할 것 없이 호미와 곡괭이를 들고 전투에 참여했다. 나라를 지키기 위한 이들의 투쟁. 우리는 그 투쟁의 역사에서 살아남았고 지금 이 땅에서 자유롭게 살아가고 있다.

독립의 역사는 결코 오래된 과거의 일이 아니다. 이 역사의 현장에서 우리는 배울 점이 많다. 군대, 국가관, 애국심이라는 단어가 점점 퇴색되어가는 오늘날, 이 책이 우리 젊은이들에게 큰 울림이 되리라 확신한다.

김영후 | 전 병무청장

나는 지금 대한민국 국민의 한 사람이며, 대한민국의 군인으로 대한민국의 국방을 책임지고 있다. 내가 지금 열심히 땀 흘리며 일하는 보람을 느낄 수 있는 것, 사랑하는 사람들과 함께 살을 맞대며 웃을 수 있는 것은 내 조국이 독립된 국가로 건재하기 때문일 것이다. 만약 우리가 아직도 일제 치하에 있었다면 지금의 일상적인 기쁨은 누릴 수 없었을 것이다.

그런 의미에서 우리나라의 독립을 위해 자신을 바친 분들의 노력이야말로 우리가 진정으로 배우고 지켜야 할 것이다. 그분들의 희생은 그 무엇보다 강하고 숭고한 것이다. 어느 누가 자신의 재산을 그리 쉽게 버릴 것이며, 자신의 목숨을 걸고 어떤 대가도 없이 그토록 치열하게 독립운동을 할 수 있을까? 우리가 진정으로 배워야 할 것은 유명

CEO나 유명 학자의 주장, 생각이 아니라 독립운동가의 숭고한 정신일 것이다.

나는 독립운동가의 후손이지만 나라가 나에게 무엇을 해주기를 바라지 않는다. 나는 우리 국민들이 가슴속에 독립을 위해 헌신하신 분들에 대한 존경심을 간직하길 바라고, 가벼운 말 한 마디로 그분들의 숭고한 희생이 헛되지 않기를 간절하게 바란다. 그리고 『잊혀진 영웅들, 독립운동가』를 통해서 한 번쯤은 그분들을 기억하고, 감사하는 마음을 갖기를 바란다.

의열단 창립 멤버의 고손자

서 문

미국에 있는 동안 어머니와 메일을 격주마다 주고받곤 했습니다. 그때마다 어머니는 "우리는 건강하게 잘 지내고 있으니, 아들은 열심히 공부만 하면 돼"라고 했습니다. 그 말을 곧이곧대로 믿었습니다. 그렇게 주고받은 메일이 300통쯤 쌓여갈 즈음, 잠깐이지만 아주 오랜만에 한국에 돌아왔습니다. 집에서 아버지를 마주 대한 순간, 여태 메일을 채운 그 말들을 순진하게 믿었던 내가 한없이 부끄러웠습니다. 아버지는 건강하게 잘 지내고 있다고 하기에는 너무나도 편찮아 보였습니다. 발걸음을 떼지 못하고 한참 멍하니 집 앞에 서 있기만 했습니다. 도저히 말로 표현할 수 없는 감정이 밀려왔습니다. 잠시 바람을 쐬러 나갔고 한참을 걷고 나서야 그 감정들 속에서 빠져나올 수 있었습니다.

"내가 가장 중요한 걸 잊고 살았구나."

나는 곧 미국 영주권 취득을 포기하고 대한민국 공군장교의 길을 선택했습니다. 누군가는 내게 바보 같은 실수를 저질렀다고 합니다. 그들과 같은 생각으로 살았던 '과거의 나' 역시 그 선택을 실수라고 말했을 것입니다. 그러나 그것이 아무리 순진하고 바보처럼 보여도 '오늘의 나'는 그 선택을 실수라고 생각하지 않습니다. 내가 옳다고 생각하는 행동을 할 때, 그리고 이를 진실로 믿을 때 그것이 나에겐 정의가 되었고, 스스로 당당해졌습니다. 그리고 그러한 결정은 시간이 지나면서 놀라운 일들로 내게 다가왔습니다.

독립운동가 앱 개발. 이 일은 아주 사소한 계기에서 시작되었습니다. 2015년 9월 29일 KTX를 타고 서울로 가는 길. 페이스북 타임라인에 스쳐 지나간 유관순 열사의 사진과 문장 하나.

'1920년 9월 28일 유관순 열사 서거.'

관심이 없던 것도 아닌데…… 아무 생각 없이 흘려보낸 지난날이 떠올라 너무나도 미안한 마음이 들었습니다. 그렇다고 다 기억할 수도 없는 현실. 처음엔 나도 모르게 자기합리화를 했습니다. 내가 사학과 교수도 아닌데 어떻게 다 기억하냐고. 그러다 의문이 들었습니다. "왜 기억을 못하는 걸까?" "별다른 노력을 하지 않아도 생활 속에서 자연스럽게 이분들의 서거일을 기억할 수 있는 방법은 없을까?" 창밖으로 지나가는 풍경이 보이지 않을 만큼 생각에 빠져 있을 때 한 꼬마아이의 목소리가 들렸습니다.

"엄마, 나 핸드폰 줘." 핸드폰? 요즘은 남녀노소 모두가 핸드폰을 가지고 있습니다. 그렇다면 저 핸드폰과 연결하면? 아! 앱을 만드는 거야!

스마트폰 애플리케이션 '독립운동가'라는 아이디어가 처음 떠오른 순간, 나는 습관처럼 스마트폰을 열어 머릿속을 스쳐가는 생각들을 메모했습니다. 알 수 없는 떨림 속에서, 그렇게 앱 개발을 시작했습니다.

당시 현역장교였던 나는 퇴근 후 3개월 동안 앱 개발에 전념했지만 수많은 자료와 인물들을 어떻게 정리해야 할지 막막했습니다. 고민 끝에 몇 가지 원칙을 세웠습니다. 첫째, 훈장 수여 등급의 우선순위와 서거일이 기록된 역사 자료가 있는 애국지사들의 명단을 추려보기. 그렇게 해서 찾아낸 인물은 총 207명이었습니다. 이분들만큼은 확실한 증거로 존재했던, 지금 우리가 대한민국에서 살 수 있게 해준 '영웅'이었습니다.

그 후 2016년 8월 15일, 71주년 광복절에 KBS 광복절 특집 다큐멘터리 〈독립군의 길을 가다〉에 주인공으로 발탁되어 방송 촬영을 하게 되었습니다. 방송되던 한 시간 사이에 6만 명이 독립운동가 앱을 설치했고, 한 시간 단위로 2천 명씩 회원이 늘어났습니다. 2016년 12월 기준 약 10만 명이 독립운동가 앱을 사용하게 되었습니다. 독립운동가 앱은 개발자가 사비를 들여 제작, 운영하고 있습니다. 누구나 앱을 무료로 이용할 수 있습니다. '비영리 국민 애국앱'을 꿈꾸며 만든 이 앱은 설치하기만 하면 알아서 애국지사의 서거일에 문자 알림을 받아볼 수 있고, 앱을 실행하면 애국지사의 사진과 약력을 볼 수 있습니다.

말 그대로 우리의 일상에서 자연스레 이분들을 기억하며 살아가자는 취지로 개발된 것입니다. 그 후 약 15개월 동안 앱을 수정하고, 이용자들의 제안을 반영하여 앱을 관리해오다 2017년 3월 1일, 삼일절을 기념하여 '잊혀진 영웅들, 독립운동가' 집필을 시작했습니다.

누군가는 과거 역사보다 미래가 더 중요하다고 훈계하고, 누군가는 요즘 같은 시대에 누가 이런 걸 신경이나 쓰겠느냐고 오히려 나를 바보 같다고 비웃었습니다. 하지만 적어도 나 같은 장교 한 명쯤은 '바보같이' 이 작업만큼은 꼭 마무리 지어야겠다고 생각했습니다.

나 역시 오늘을 살아가는 젊은이로서, 같은 하늘을 보고 살아가는 청년들에게 하고 싶은 말이 조금은 있습니다.

첫째, 역사에 이름을 남긴 수많은 영웅들, 그리고 소리 없이 사라져 우리에게서 잊혀진 영웅들, 그들은 모두 '평범한' 국민이었습니다. 좋은 집안에서 유복하게 자랐으나 독립운동에 뛰어든 독립운동가는 몇 손가락에 불과합니다. 이회영, 이상룡, 허위 선생 등이 그런 분들입니다. 그 외에는 대부분 일찍 부모를 여의거나 찢어지게 가난하거나 농부거나 백정 출신이거나 기생이거나 장애인이거나 노인이었습니다. 오늘날 우리가 마음 한구석에서 거리감을 느끼는 바로 그 '사회적 약자'들입니다.

하지만 이러한 사람들이 80년 전 나라가 어려울 때 그 누구보다 앞장섰으며 이 나라를 완전히 뒤바꾸어놓은 진정한 영웅들이었습니다.

지극히 평범하고 가난하고 사회적 약자였던 이들이 모여서 세상을 바꾸었다는 말입니다. 그리고 우리가 지금 그 혜택을 받으며 살아가고 있습니다.

둘째, 처음 앱을 개발하던 2015년 겨울 당시 가장 큰 이슈는 국정 역사 교과서였고 나는 교과서에서 다루지 않는 수많은 독립투사들을 많은 사람들에게 꼭 알려야겠다는 마음을 먹었습니다. 16개월이 지난 지금 우리나라는 또 다른 정치적 소용돌이에 국민들이 아파하고 분열되어 있습니다. 심지어 이민 가고 싶다는 사람도 있습니다. 이런 말을 들을 때마다 가슴이 찢어지는 것만 같았습니다. 자랑스러운 대한민국이라는 말이 퇴색해버린 요즘, 이 책을 통해 국민들에게 알리고 싶었습니다.

우리의 선조들이 어떤 사람들이었고 그분들이 우리에게 무엇을 남겨주었는지, 우리가 지키고 발전시켜야 할 가치는 무엇이며, 다음 세대를 위해 우리는 어떻게 살아가야 하는지, 현재 나의 위치와 직업이 아니라 내가 어떤 마음과 소신으로 살아가고 있는지 돌아보고 싶었습니다. 그리고 오늘날 우리가 각자의 위치에서 최선을 다해 살아가는 것이 애국이라는 것을 보여주기 위해 이 책을 집필하기 시작했습니다.

나와 내 가족을 위해서, 내가 사랑하는 사람들을 위해서, 내가 살아가는 이 도시와 아름다운 조국 대한민국을 위해서, 소중한 가치들이 경시되어 사라지지 않기를 바랍니다. 우리가 함께 나라와 동포를 더 사랑하고 세계 속에 자랑스러운 한국인이 되도록, 이 책이 오늘날의

'애국심'에 작은 물결이 되길 소망합니다.

조국을 위해 자신의 안녕과 젊음을 바친 모든 독립운동가와 애국지사들께 이 책을 바칩니다.

2017년 6월

정상규

차례

1992년 1월의 독립운동가

김상옥 金相玉

1890. 1. 5 ~ 1923. 1. 22

400:1 전투, 의열단 행동대장! 조선 최고의 총잡이,
'각시탈'이었던 사나이

"동지들, 생사가 이번 거사에 달렸소.
만약 실패하면 내세에서나 봅시다. 나는 자결하여 뜻을 지킬지언정
적의 포로가 되지는 않겠소."

1890년 출생
1912년 영덕철물점 운영, 독립자금 확보
1913년 비밀결사 광복단 조직
1919년 혁신단, 암살단 조직
1920년 의열단 가입
1923년 종로경찰서 폭파 및 400:1 시가전 도중 순국

김상옥은 일찍 아버지를 여의고 불우한 환경에서 성장했습니다. 가난하고 우울했던 유년기를 보냈으며, 14세부터 낮에는 철공장에서 일하고 밤에는 야학에서 공부하며 개신교 신자가 되었습니다. 1912년 동대문 밖 창신동에서 영덕철물점을 운영했는데 그의 초기 사회적 활동은 상당히 시대를 앞서갔다고 볼 수 있습니다.

김상옥은 철물점을 운영하며 사업가로서의 수완을 발휘하여 독립자금을 조달했습니다. 또한 종업원들에게 노동조합을 통해 자신들의 권익을 찾을 수 있게 도왔습니다. 그런 그에게 사람들은 '동대문 홍길동'이라는 별명을 붙여주었습니다. 철물점을 운영하면서도 무장투쟁을 위해 무술을 익혀 조선인 여학생을 희롱하는 기마경찰을 맨손으로 때려눕혀 검을 빼앗았다는 일화가 전해집니다. 또한 사격 솜씨도 뛰어나 명사수로 불렸다고 합니다. 당시에는 단발령으로 잘린 머리를 감추기 위해 모자가 유행했는데 이 모자들이 대부분 수입산이었다고 합니다. 그래서 그는 말총을 이용한 모자를 만들어 저렴한 가격에 판매했는데, 이 모자가 큰 인기를 끌었다는 기록이 있습니다.

김상옥이 본격적으로 독립운동에 투신한 것은 3·1운동 직후입니다. 1919년 4월 동대문교회 안에 있던 영국인 피어슨 여사의 집에서 혁신단이라는 비밀결사를 조직하고, 그해 12월에는 암살단을 조직하여 일본 고관 및 민족 반역자에 대한 응징 및 척살을 시도했습니다. 특히 1920년 4월에는 한훈, 유장렬 등과 함께 전라도 지방에서 친일 민족 반역자들을 총살했습니다.

1920년 8월 24일에 미국 의원단이 아시아를 시찰하는 길에 한국을 방문한다는 소식이 들려왔습니다. 그해 5월부터 김상옥은 김동순, 윤익중, 신화수, 서대순 등과 함께 미국 의원단을 환영하기 위해 나오는 사이토 마코토 총독과 일본 고관들을 암살하는 계획을 추진했습니다. 하지만 거사 계획은 일본 경찰에게 탐지되고 맙니다. 동지들이 체포되자 김상옥은 단독으로 거사를 추진하려 했으나 여의치 않자, 10월 말 상하이로 망명했습니다.

그해 11월에 김상옥은 임시정부 요인 김구, 이시영, 조소앙, 신익희 등과 독립운동 거사 계획에 참여하는 동시에 의열단에 들어갔습니다. 1922년 11월 중순에는 상하이에서 임시정부의 이시영, 이동휘, 조소앙, 김원봉 등과 의논하여 조선총독 암살과 주요 관공서 파괴를 목적으로 하는 계획을 치밀하게 세웠습니다.

1923년 1월 12일 밤 종로경찰서에 누군가 폭탄을 던져 아수라장이 되었습니다. 이 투탄으로 건물 일부가 파손되고 행인 남자 6명과 여자 1명이 중경상을 입는 등 아비규환이 벌어졌습니다. 처음에는 일본 경찰도 의거의 주인공이 누구인지 정확히 파악할 수 없었습니다. 그러나 5일 후인 1월 17일에 일본 경찰은 김상옥이 폭탄을 투척한 사실을 알아내고 그의 은신처를 추적했습니다. 1월 17일 새벽 3시 종로경찰서 우메다, 이마세 두 경부의 지휘 아래 20여 명의 무장경찰이 김상옥이 은신하고 있던 그의 매부 고봉근의 집을 포위했습니다. 고봉근의 행랑방에 들어 살던 여자가 종로경찰서에 있는 친정오빠에게 밀고한 것이었습니다.

은신처가 탄로 나자 김상옥은 단신으로 두 손에 권총을 들고 총격전을 벌였습니다. 먼저 종로경찰서 유도사범이며 형사부장인 다무라를 사살했고, 이마세와 우메다 등 몇 사람에게 중상을 입힌 뒤 추격하는 일본 경찰에게 사격을 가하면서 가옥의 지붕을 건너다니며 도주했습니다. 눈 덮인 남산을 거쳐 금호동 안장사에 잠입한 김상옥은 스님에게 승복과 짚신을 빌려 변장하고 산을 내려왔습니다. 18일에는 이모 집에서 유숙하고 19일 새벽에 삼엄한 경계망을 피해 효제동 이혜수의 집에 은신했습니다. 이곳에서 동상을 치료하면서 앞으로의 거사 계획을 구상했습니다.

그러나 새벽 최후의 은신처마저 탐지되고 말았습니다. 상하이에서 온 서신을 〈혁신공보〉 발간 때부터 김상옥과 함께 했던 전우진이 효제동으로 전달하게 되었습니다. 이 과정에서 전우진이 일본 경찰의 수사망에 걸려들었는데, 그는 끝내 고문을 견디지 못하고 김상옥의 은신처를 실토하고 말았던 것입니다.

1923년 1월 22일 5시 반경 경기도 경찰부장 우마노가 총지휘관이 되고 보안과장 후지모토가 부지휘관이 되어 서울 시내 4개 경찰서에 총비상령이 내려졌습니다. 기마대와 무장경관 400명이 은신처를 중심으로 효제동 일대를 겹겹이 포위했습니다. 결사대가 지붕을 타고 집 안으로 들어갔을 때 김상옥은 미처 피신하지 못하고 벽장 안에 숨어 있었습니다. 구리다 경부가 방으로 들어와 벽장 안을 열어젖히는 순간 가장 먼저 사살당했으며, 벽장 담을 뚫고 순식간에 옆집 74번지를 지나 76번지로 피신했습니다. 이때 겁에 질린 집주인이 소리를 지르며 저항하자 다시 담을 넘어 72번지로 갔고, 이후 담벼락 뒤에 몸을 숨긴 채 권총 두 자루로 3시간 반 동안 총격전을 벌였습니다. 그러나 탄환이 떨어지자 마지막 남은 탄환 한 발을 자신의 머리에 대고 벽에 기댄 채 대한독립만세를 부르면서 자결했습니다. 이후 가족이 시신을 수습했는데, 열한 군데나 총상을 맞은 상태였다고 합니다. 스스로 쏜 총알 한 발을 제외하면 열 발의 총알을 맞은 것입니다.

일본 철권통치의 핵심인 악명 높은 종로경찰서에 폭탄을 투척하고 약 천 명의 일본 군경에 맞서 총격전을 벌인 김상옥. 하지만 안타깝게도 그의 이름은 대중에게 잘 알려져 있지 않습니다. 대중매체에서도 그분을 거의 소개하지 않았습니다. 독립운동가 앱을 제작하면서 이런 인물의 삶 자체가 영화인데 이런 분을 소재로 한 영화가 없다는 사실에 의아할 정도였습니다. 그러던 중 영화 〈암살〉과 〈밀정〉이 만들어지면서 김상옥 의사의 존재도 대중에게 알려지자 누구보다 기뻤습니다.

보통 독립운동가의 의거를 기리는 행사를 할 때 '의거 기념식'이라는 표현을 쓰고, 사망자의 경우 순국 '추모식'이라는 단어를 쓰지만 김상옥의 경우 사망일이 1월 22일임에도 '순국 추모식'이라는 말 대신 '시가전 승리 기념식' 또는 '독립활동 기념식'이라는 단어를 씁니다. 비록 일본 경찰과 서울 시내 총격전을 벌이고 마지막 남은 한 발로 자결했으나 '시가전'이라는 이름이 붙을 만큼 혁혁한 공로를 세웠고 당시 일제에 준 충격이 엄청났기 때문입니다. 이 때문에 어떤 역사가들은 그의 활약으로 일본에 억눌려 있던 우리 민족이 저항의지를 되찾았고, 이후 항일 무장투쟁의 발판을 마련했다고 평가하기도 합니다. 현재 생존하신 애국지사 한 분은 어릴 적 신문에 난 김상옥의 투쟁을 보고 "일본 놈들은 수천 명인데 왜 저분 혼자 싸우시는가?"라며 독립운동의 길로 들어섰다고 증언하기도 했습니다.

당시 일본 경찰이 이분을 얼마나 두려워했는지 보여주는 이야기가 전해집니다. 김상옥은 마지막 총알로 자결하신 후에도 양손에 쥔 권총을 놓지 않았다고 합니다. 이 모습을 본 일본 경찰은 혹시 살아 있을까 두려운 마음에 선뜻 다가가지 못했다고 합니다. 결국 김상옥의 어머니를 불러 생사를 확인하게 했다고 합니다.

김상옥은 국가보훈처에서 1992년부터 선정, 발표하는 이달의 독립운동가에 최초로 선정된 분입니다. 대학로 마로니에 공원에 김상옥 의사의 동상이 있으며, 종로4가 북쪽 효제초등학교 앞길은 그분의 이름을 딴 '김상옥로'로 명명되었습니다.

1992년 2월의 독립운동가

편강렬 片康烈

1892. 2. 28 ~ 1929. 1. 16

열여섯 살에 의병대장을 맡은 전설적인 의병장

"나 죽거든 유골을 만주 땅에 묻어줄 것이요,
나라를 찾기 전에는 고국으로 이장하지 마라."
- 선생의 유언

1892년 출생
1907년 이강년 의병부대에서 활동
1908년 허위 장군 의병부대에서 활동
1910년 신민회 가입, 총독 암살 사건에 연루되어 징역 2년
1919년 3·1만세시위 참여
1923년 의성단 조직, 단장 역임
1924년 일본영사관, 일본인 병원 습격
1929년 서거

1905년 11월 을사늑약 체결로 외교권을 박탈당하자 전국 각지에서 "왜놈에게 복수를!"이라는 구호를 외치며 의병이 일어났습니다. 편강렬은 1907년 고향인 경상도 지역에서 일어난 이강년의 의병부대에 들어가서 경상도와 충청도 일대에서 큰 공적을 세웠습니다.

1년 후 전국의 의병들이 경기도 양주에 집결하여 서울 진공작전을 펼쳤을 때 편강렬은 부상을 입고 고향으로 내려오게 되었습니다. 이때 나이가 16세였습니다. 그 후 편강렬은 일경의 주요 감시 대상이 되었습니다. 이 때문에 최대한 활동을 숨기며 기회를 엿보았습니다.

1910년 한일강제병합조약이 체결되자 편강렬은 울분을 참지 못하고 다시금 세상에 모습을 드러냈습니다. 오랜 침묵을 깬 첫 번째 활동은 비밀결사 조직 신민회 가입이었습니다. 황해도 지부에서 활동했으며, 총독 암살 모의사건(105인 사건)에 연루되어 2년 동안 서대문형무소에 수감됩니다. 이때 끔찍한 고문을 당했지만 그의 독립정신은 더욱 견고해졌을 뿐입니다. 출옥 후에는 동지들과 함께 비밀결사인 대한광복회에 가입하여 소수정예의 결사대와 함께 치열한 항일전을 벌였습니다.

박은식은 독립운동의 치열한 역사를 기록한 『한국독립운동지혈사』에서 "일제에 의해 죽어간 우리 의병은 15만 명 정도이며, 의병이란 바로 우리 민족국가의 정수이다. 나라는 멸망시킬 수 있어도 의병과 의병정신은 멸할 수 없다"라고 말했습니다. 편강렬의 애국활동은 이런 의병정신에서 기인한 것이라고 봐도 무방할 것입니다.

1919년 3월 1일. 역사의 한 획을 긋는 사건인 3·1만세시위가 일어납니다. 편강렬은 동지들과 함께 만세시위를 계획했고, 3월 15일부터 만세시위에 가담했습니다. 그 후 친동생 편덕렬을 상하이 임시정부에 파견했으며, 황해도에서 동지들과 군사준비단을 조직하여 독립군의 국내 진입 시 원조를 목표로 활동하기도 했습니다.

그러나 이 정보를 입수한 일제 경찰은 비상경계령을 내려 검거작전을 벌였습니다. 이때 편강렬도 체포되어 다시 한 번 끔찍한 고문을 당하고 1년 2개월 동안 수감생활을 했습니다. 출옥 후 고향으로 내려갔으나, 가족들은 일제의 탄압으로 뿔뿔이 흩어졌고, 운영하던 점포는 채권자에게 넘어가 무일푼 신세였습니다. 그는 이제 남은 것은 정신밖에 없다며 만주로 떠났습니다.

편강렬은 만주에서 양기탁, 남정 등을 만나 의성단을 조직하고 의성단 단장이 되었습니다. 만주를 무대로 펼친 의성단의 활동은 조선인의 열, 성, 담력을 보여주면서 중국인들의 한인에 대한 인식을 바꾸었습니다. 교민들에게도 희망과 긍지를 심어주었습니다. 당시 의성단원 수가 250명 정도였고, 전부 무장훈련을 받아 국내에 진입할 계획을 세웠던 것을 보면 그 규모와 정신을 가늠해볼 수 있습니다.

편강렬은 1924년 의성단 단원들과 함께 창춘에 있는 일본영사관을 습격했습니다. 무려 7시간이나 군사작전을 방불케 하는 교전을 벌인 끝에 일본 군인과 경찰 60명을 살상하는 성과를 얻어냅니다. 전투가 끝나고 몇 시간 지나지 않아 편강렬은 곧바로 시내로 들어가서 일본

만철병원을 습격하여 다수의 적을 사살하는 전과를 올렸습니다.

이 사건은 엄청난 화제가 되었고, 조선총독부를 충격에 빠뜨렸습니다. 조선총독부는 제1급 사건으로 의성단 진압작전을 전개했고, 만주에 있던 일본 경찰력과 밀정을 총동원하고 조선총독부 사무관 홍모를 파견하여 편강렬을 체포하고자 했습니다. 그러나 편강렬은 오히려 일제를 조롱하듯 창춘 시내에 "아사홍생 아생홍사", 즉 '홍가와 나와 죽기 아니면 살기다'라는 벽보를 붙여 패기를 보여주었습니다.

1920년 초부터 편강렬은 수많은 독립운동 단체를 통합하기 위해 온 힘을 기울였습니다. 1924년 8월 부하 10여 명을 거느리고 군자금을 모집하러 하얼빈으로 갔는데, 이곳에서 독립운동 단체 대표들과 만나 통일회를 조직할 계획이었습니다. 그러나 이 계획이 새어나가 미리 잠복해 있던 일경에게 포위되고 맙니다.

곧 거리에 총성이 울려퍼졌고, 결국 편강렬은 체포됩니다. 1924년 8월 22일 신의주로 끌려가서 징역 7년형을 선고받습니다. 수감생활을 시작한 지 2년이 지날 무렵 고문에 시달리던 그는 죽음 직전의 상태에서 병보석으로 풀려났지만 골수에 맺힌 병은 낫지 않았습니다.

가족은 그에게 시설이 좋은 일본 병원에 가서 치료받자고 했으나 그는 끝내 거부합니다. "죽어도 왜놈에게는 치료를 받지 않겠다. 내가 죽거든 유골을 만주 땅에 묻어줄 것이요, 나라를 찾기 전에는 고국으로 이장하지 말라"는 유언을 남기고 생을 마감하셨습니다.

1992년 8월의 독립운동가

서일 徐一

1881. 2. 26 ~ 1921. 8. 27

강철 같은 항일정신
불퇴전의 무력으로 일제를 격파하자

"조국 광복을 위해 생사를 함께하기로 맹세한 동지들을
모두 잃었으니 무슨 면목으로 살아서 조국과 동포를 대하리오.
차라리 이 목숨을 버려 사죄하는 것이 마땅하리라."

1881년 출생
1912년 대종교 입교, 북간도 일대 의병 규합 및 중광단 조직
1920년 북로군정서 총재, 대한독립군단 총재, 일본군과 연전연승
1921년 자유시 참변 후 자결 순국

청산리 대첩에 빛나는 '북로군정서' 총재 서일은 우리 독립운동사의 위대한 영웅 중 한 분입니다. 청산리 전투를 아는 사람은 많아도 그 전투의 실질적 지도자인 서일을 아는 사람은 많지 않은 것 같아 안타깝습니다. 그나마 요즘에는 한국사 시험과 공무원 시험에 서일에 관한 문제가 제출된다고 하니 기쁩니다.

군인이 되기 전 서일은 교육 분야와 종교 분야에 종사했을 뿐만 아니라 언론사에서도 일했던 다재다능한 분이었습니다. 이러한 지식인이 만주에서 총을 들고 항일 무장투쟁에 앞장섰다는 사실은 많은 생각을 하게 합니다. 나라를 지킴에 있어서 직업의 귀천이 어디 있으며, 나라를 사랑하는 마음, 그리고 조국을 되찾으려는 심정은 나라를 빼앗겨보지 않은 사람은 절대 공감하기 힘든 크나큰 무게일 겁니다.

서일은 18세가 될 때까지 서당에서 한학을 배웠습니다. 20대의 기록은 없지만, 서일이 25세가 되던 해에 을사늑약이 체결되었고, 30세가 되던 해 나라를 빼앗겼기 때문에 청년 서일의 가슴속에 무엇이 피어나고 있었을지 충분히 짐작할 수 있습니다.

당시 서일은 교육의 필요성을 깨달았을 것입니다. 교육을 중요시하는 지도자들이 많았고, 그 또한 명동학교에서 독립정신을 가르치는 교사가 되었습니다. 혹자는 이 명동학교를 설립한 사람이 서일이라는 주장도 하지만, 기록에는 없는 사실입니다. 당시 그가 교편을 잡았던 명동학교는 대종교에서 설립한 학교였습니다. 홍익인간의 이념을 추구하는 대종교 정신은 벌판을 누비던 독립군들에게 큰 용기를 주었습니다. 그래서 서일도 이곳 명동학교에서 자신의 뜻을 키웠을 것입니다.

그 후 서일은 두만강을 넘어 망명하는 대한의 열혈청년들이 줄을 이을 때 북간도 지역에서 의병을 규합하여 '중광단'을 조직하게 됩니다. 중광단 단장으로 활동한 서일은 대종교 신자들을 독립군으로 육성함으로써 종교와 군대를 일치시킵니다. 이 힘은 막강했습니다. 훗날 북로군정서의 장병은 대부분 대종교 신자였습니다.

중광단의 군대로 확장될 무렵 서일은 난관에 봉착합니다. 바로 자금 문제 때문이었습니다. 조직을 운영하려면 자금이 필요한데 자금이 바닥난 것입니다. 이에 그는 김좌진, 김동삼, 신팔균, 신채호 등과 함께 「무오대한독립선언서」를 발표하고, 『일민보』, 『신국보』 라는 2개의 신문을 발간하여 무장독립을 주장하는 한편 군자금을 마련하고자 했습니다.

1919년 7월 역사적인 청산리 전투가 전개되었고, 이후 서일은 중광단을 북로군정서로 확대했으며 러시아군과 체코슬로바키아군으로부터 3만여 정의 무기를 구입했습니다. 그 후 일제 정규군 3300여 명을 사살하는 성과를 거두며 독립운동사에 한 획을 긋는 장군이 됩니다.

훗날 자유시 참변自由市慘變이라 불리는 이르쿠츠크파 계열의 고려혁명군의 상하이파 고려공산당에 대한 무장해제 요구와 기습 등으로 동지들을 잃은 그는 "조국 광복을 위해 생사를 함께하기로 맹세한 동지들을 모두 잃었으니 무슨 면목으로 살아서 조국과 동포를 대하리오.

차라리 이 목숨을 버려 사죄하는 것이 마땅하리라"는 유언을 남기고 마을 뒷산에서 자결했습니다. 자유시 참변은 독립투쟁사에서 가장 비극적인 사건으로 꼽힙니다. 독립군끼리 서로 이념이 다르다는 이유로 수천 명을 학살한 비극적인 사건입니다.

어떻게 만든 독립군이고, 어떻게 양성한 병력인데 이념 때문에 서로를 죽이는 상황까지 왔다는 것이 지휘관에게는 견디기 힘든 일이었을 겁니다.

1992년 9월의 독립운동가

신규식申圭植

1879. 1. 13 ~ 1922. 9. 25

25일간 단식 후 남긴 마지막 유연 '정부'

1879년 출생

1911년 중국 동맹회 가입, 신해혁명 참여

1912년 동제사 조직

1917년 7월 대동단결선언 발표

1918년 신한청년당 조직 지원

1919년 대한민국 임시정부 국무총리 겸 외무총장 임명

1922년 순국

신규식은 중국에서 우리 임시정부가 독립운동을 계속할 수 있도록 끊임없이 외교적 노력을 기울인 숨은 애국자입니다. 1905년 을사늑약이 체결되자 육군 참위(지금의 육군 소위)로서 지방군대와 연계하여 일제를 상대로 항전을 벌일 계획을 품었으나 이루지 못했습니다.

그가 참위로 있을 때 전국 13도 유생과 고위 관리들은 을사늑약 철회를 상소했고, 장지연은 『황성신문』에 피를 토하듯 「시일야방성대곡是日也放聲大哭」을 썼습니다. 민영환, 조병세, 홍만식 등의 관리는 스스로 목숨을 끊었습니다. 말 그대로 크고 작은 민심이 모여 불꽃이 타오르고 있었죠.

청년 장교였던 신규식은 서울 계동, 가회동, 운니동 등에서 집 대문을 몽둥이로 후려치며 미친 듯 소리를 질렀다는 일화가 전해집니다.

"을사오적들은 나오너라!"

그는 답답한 마음에 몽둥이를 들고 매국노를 때려잡으려 했으나 자신이 한낱 미약한 존재이며 이런 방식으로는 아무것도 이룰 수 없음을 뼈저리게 확인했을 뿐입니다. 신규식은 사흘 동안 문을 걸어 잠그고 아무것도 먹지 않았습니다. 이윽고 선생은 결론을 내렸습니다. 민영환, 조병세, 홍만식의 자결은 소극적인 행동이 아니라 적극적인 투쟁이었다는 것을.

"죽음은 거름의 역할을 하는 것. 내 한 몸 거름이 되어 무수한 열매를 맺을 수 있다면 여한이 없겠다."

당시 그의 나이 26세였습니다. 그리고 이 생각은 후일 '치욕을 알면 피로써 죽음을 택할 수 있고, 치욕을 씻으려면 피로써 씻어야 한다'는 투쟁적 신념으로 바뀌게 됩니다.

신규식은 독약을 마시고 스스로 목숨을 끊으려 했으나 문을 부수고 들어온 가족에 의해 겨우 목숨을 구했습니다. 하지만 이미 약 기운이 번진 터라 오른쪽 눈을 실명했습니다. 신규식은 거울을 보며 이렇게 말했다고 합니다.

"애꾸, 그렇다. 이 애꾸눈으로 왜놈들을 흘겨보기로 하자. 어찌 나 한 사람만의 상처이겠는가. 우리 민족의 비극적 상징이다."

1910년 나라를 빼앗기자 신규식은 상하이로 망명하여 12년 동안 위대한 업적을 남기게 됩니다. 당시 독립운동은 크게 두 가지 노선이 있었습니다. 외교 중심론과 무장투쟁론. 이 두 노선을 조화시키기 위한 노력의 일환으로 신규식은 중국 신해혁명에 동참하여 국민당 정부의 지원과 항일투쟁 지원을 이끌어내는 데 큰 초석을 마련했으며, 1919년 3·1만세시위운동과 대한민국 임시정부 수립에도 중요한 역할을 수행했습니다.

그러나 1921년 임시정부는 혼란기를 겪게 되고 분열되기 시작합니다. 이에 통분한 신규식은 병에 걸렸습니다. 병석에서도 그는 국내

외에서 모든 것을 내던지고 독립운동을 전개하는 한국인들이 서로 단합하지 않는 모습에 매우 비통해하면서, 아무것도 먹지 않고 아무 말도 하지 않으며 어떤 약도 먹지 않겠다고 선언했습니다. 그렇게 25일 동안 단식하다가 세상을 떠났습니다. 숨을 거두기 직전까지 그의 머릿속에는 오로지 한 가지 생각만 있었습니다. 유언이 된 그 단어는 "정부…… 정부……"였습니다.

1992년 12월의 독립운동가

나석주 羅錫疇

1892. 2. 4 ~ 1926. 12. 28

격전의 독립운동 시기, 그 한복판에 태어난 소년
꺼져가던 민족혼에 불을 지피다

"나는 조국의 자유를 위해 투쟁했다.
2천만 민중아, 분투하여 쉬지 말라."
- 순국 직전 선생의 외침

1892년 출생

1920년 결사대 조직, 군자금 모집, 친일파 처단 활동

1920년 의열단 등에 가입하여 군자금 모집 활동

1926년 식산은행, 동양척식주식회사 폭탄 투척 후 총격전을 벌이던 중 자결 순국

애국계몽운동 단체인 신민회 서북지방 책임자였던 김구 선생은 양산학교를 설립했는데, 이곳에서 교육을 받으며 독립정신을 키운 소년이 있었습니다. 그의 이름은 나석주입니다. 어릴 적부터 영향력 있는 독립운동가들을 보면서 마음속에 독립정신을 키워오던 이 소년은 독립운동사에 큰 획을 긋게 됩니다.

어느 날 밤 나석주와 5명의 소년은 황해도 지역의 부자 최병항의 집에 침입합니다. 세상에 이런 강도들이 또 있을까요? 복면을 한 이 강도들은 최병항에게 절을 한 뒤 이렇게 말했습니다.

"저희는 단순한 강도가 아닙니다. 조국의 독립을 위해 군자금을 마련하기 위해 왔습니다."

최병항은 금세 말뜻을 알아챘으나 한참 고민한 뒤에 이렇게 말했습니다.

"너, 석주로구나! 그렇게 복면을 쓸 필요 없다. 그래, 춘부장 어른은 편안하시냐?"

깜짝 놀란 나석주는 복면을 벗고 무릎을 꿇었습니다. 그러자 최병항은 요즘 돈으로 치면 수십억 원에 해당하는 돈을 곧바로 내주었습니다. 6명의 소년은 깜짝 놀라면서도 크게 감동하여 큰절을 올렸습니다. 소년 나석주는 주도면밀하게 이렇게 말했습니다.

"저희들이 떠나면 즉시 강도를 당했다고 신고하십시오. 안 그러면 어르신이 위험해지십니다."

1920년 11월 22일에 일어난 6인조 강도사건은 영구미제 사건으로 남아 있습니다.

군자금을 들고 나석주가 향한 곳은 상하이 임시정부였습니다. 그곳에서 어릴 적부터 멘토이자 은사인 김구 선생을 찾아갔고, 이후 한인애국단, 의열단 등에서 활약합니다. 그리고 식산은행 폭탄 투척 임무를 맡은 나석주에게 김창숙이 말했습니다.

"민족의 고혈을 빨아먹는 식산은행과 동양척식회사가 그대의 손에 폭파되는 날 일제의 간담이 서늘해질 것이며, 잠자고 있는 조선의 민족혼이 불길처럼 다시 타오를 것이오. 대의를 위해 무운武運을 비는 바이오."

중국 산둥성山東省 출신. 나이 35세. 이름 마중덕馬中德. 1926년 12월 26일 인천항에 도착한 이 중국인은 다름 아닌 나석주였습니다. 그는 열차를 타고 평안남도 진남포로 향했습니다.

그의 마음속에 한 가지 걸리는 점이 있었습니다. 고향을 떠날 때 말 한 마디 나누지 못하고 이별한 부모님, 아내, 아들과 딸이 있었기 때문입니다. 운명은 어찌 이리도 가혹한 것일까요. "일제의 삼엄한 경계가 고향 일대에 펼쳐져 있다"는 정보를 전해 들은 그는 아쉬운 발

길을 돌려 서울로 가야 했습니다. 이때 그의 마음이 어땠을까요? 죽으러 가는 길, 그 길의 마지막에 사랑하는 어머니와 아내 그리고 자식들을 보지 못한 채 열차에 오르는 그의 눈빛을 상상하기 어렵지 않습니다.

1926년 12월 28일, 나석주는 중국인 전용여관이던 동춘여관에 투숙했습니다. 조국의 겨울은 몹시 추웠습니다. 아침밥을 든든하게 먹은 후 마지막으로 거리를 지나다니는 동포들의 얼굴과 조국을 바라보았습니다. 그러고는 식산은행으로 들어가서 폭탄을 던졌습니다.

그러나 폭탄은 터지지 않았습니다. '불발.' 절망적인 생각과 수많은 감정이 스쳐 지나갔습니다. 그는 재빨리 주변을 살펴보았습니다. 다행히 아무도 아직 눈치를 채지 못했습니다. 그는 태연하게 걸어 나와서 재빨리 동양척식주식회사로 달려갔습니다. 그때 그의 표정은 결의에 차 있었으며 어쩌면 미소를 짓고 있었을 것 같습니다. 자신이 죽을 장소를 아는 사람, 조국과 나라를 위해, 민족과 동포들을 위해 의로운 행동을 한 사람. 동양척식주식회사 안으로 들어가자마자 1층에서 일본인 1명 사살, 2층으로 뛰어올라가 또 다른 일본인 사살. 갑작스러운 상황에 놀라 도망가는 일본인을 추가 사살. 토지부 간부들을 2층에서 집어던져버리고 기술실로 뛰어가 폭탄 1개를 던졌습니다. 그러고는 재빨리 1층으로 내려와서 2명의 일본인을 추가로 사살한 뒤 건물 밖으로 나와 폭음을 기다렸습니다.

그러나 다시 한 번 운명이 장난을 쳤습니다. 이번에도 '불발.' 하늘이 무너져 내리고, 시야가 노랗게 보였습니다. 지금의 을지로1가 쪽에서 달려오는 일본 경찰을 쏘아 쓰러뜨릴 때까지도 폭발음은 들리지 않았습니다. 을지로2가에 이르렀을 때에는 경찰들의 포위망이 완전히 좁혀진 상태였습니다. 나석주는 운집한 사람들과 일본 경찰들을 향해 마지막으로 외쳤습니다.

"나는! 조국의 자유를 위해 투쟁했다! 2천만 민중아, 분투하여 쉬지 말라!"

나석주는 현장에서 세 발을 더 쏘아 일본 경찰과 일본 경감 다하타 유이지를 사살한 뒤 마지막 남은 한 발은 '대한민국 만세'를 외치고 자신을 향해 쏘았습니다.

1993년 4월의 독립운동가

노백린 盧伯麟

1875. 1. 10 ~ 1926. 1. 22

공군참모총장 노백린, 대한민국 공군의 초석이 된 장군

"이 전투기 타고 일제를 쑥대밭으로 만들자."

"국가와 민족을 사랑하라."

- 선생의 유언

1875년 출생

1895년 관비유학생으로 선발되어 일본 육군사관학교 입학

1900년 대한제국군 소위 재임관

1904년 대한제국 육군무관학교장, 육군연성학교장

1907년 신민회 참여

1920년 미국 캘리포니아에 비행사 양성소 설립

1923년 임시정부 국무총리, 국무총장 역임

1926년 서거

미국에서 한국인 최초로 항일 비행사 학교를 세운 영원한 장군. 어릴 적부터 호탕하고 기백이 남달랐던 노백린은 일본으로 유학 가서 군사지식을 습득하고 군사전문학교에서 우수한 성적으로 졸업했습니다. 그 후 1900년 10월 육군 참위에 임관되어 한국무관학교 보병 교관으로 활동했습니다. 이때 수많은 한국 군인을 양성했고 꾸준히 승진하여 육군무관학교장 및 헌병대장을 역임했습니다.

을사늑약이 체결되고 며칠 후 이토 히로부미는 서울에 통감부를 설치하고 한국 측 고관들을 초청하여 연회를 열었습니다. 이 자리에 노백린도 참석하게 되었는데 현장에 있던 이완용, 송병준 등의 매국노들을 향해 "워리, 워리" 하며 개를 부르는 것처럼 불렀다는 일화가 전해집니다.

그때 그 말의 의미를 파악한 일본군 사령관 하세가와 요세미치가 칼을 빼들자 노백린도 칼을 빼어 대응하려 했습니다. 이토 히로부미가 황급히 하세가와 사령관을 말려 더 큰 화는 막았으나 연회 분위기는 엉망이 되고 말았습니다. 그 후 노백린은 미국에서 귀국한 안창호, 양기탁, 이동녕 등과 함께 비밀결사 조직인 신민회를 결성하여 국권 회복을 위해 온몸을 바치게 됩니다.

1910년 우리나라를 빼앗은 일본은 노백린에게 회유하고 협박하며 일본을 위해 일할 것을 요구했습니다. 그러나 노백린은 의연하게 거절하면서 새로운 길을 찾아나섰습니다. 그러던 중 중국 시찰이라는 명목으로 중국에 갈 수 있는 기회가 생기자 조명구와 함께 상하이로 가서 배를 타고 미국으로 망명하게 됩니다. 그는 하와이에서 '국민군단'을 창설하여 독립군 양성을 위해 힘썼습니다. 미국은 외국인의 군사활동을 금지하고 있었으나 하와이 미군사령관이 이를 묵인해주었다고 합니다.

미국식 군시설과 체제를 도입하고 목총으로 군사훈련을 했습니다. 나라를 빼앗긴 1910년 8월 29일에 국민군단의 병영 완성을 축하하는 낙성식에 참석한 약 600여 명의 하와이 교포들은 감격과 결의로 가슴이 벅차올랐습니다.

1916년 캘리포니아 주에 정착한 노백린은 샌프란시스코에서 잡지 『태평양시보』를 만들어 조국의 실상과 독립운동을 알리는 활동을 했습니다. 그 후 군인으로서의 선견지명으로 앞으로 전쟁은 육군보다 공군력이 좌우할 것이라고 믿고 비행사를 양성하기 위해 지역 유지들을 대상으로 모금운동에 나섰습니다.

그의 열의에 감동한 국민회 중앙총회 총무 곽임대는 매달 600달러씩 지원하기로 약속했습니다. 그렇게 해서 1919년 1월 20일 미국 캘리포니아 주 윌로스에 기지를 건설하고, 1920년 2월 20일 비행사 양성소를 설립했습니다.

한편 노백린은 곽임대의 주선으로 캘리포니아 주에서 쌀의 왕으로 불리던 김종린을 소개받았습니다. 노백린이 김종린을 만나 새로운 비행군단 창설의 필요성을 역설하자 그는 양성소 건설에 필요한 각종 항공시설 일체를 도맡을 것이며 매달 3천 달러를 지원하겠다고 약속했습니다. 비행군단 조직은 김종린을 총재로 추대하고 노백린이 총무, 곽임대가 훈련생 감독을 맡기로 했습니다.

1920년 5월에 드디어 역사적인 한인비행사학교를 열었습니다. 훈련용 비행기 2대를 도입하고 비행사 노정민, 박낙선, 우병옥, 오임하, 이용선, 이초를 초빙하여 교관으로 삼았습니다. 그 후 훈련용 비행기는 5대로 늘어났으며, 1922년 6월에는 학생 수가 41명에 달하고 1923년에는 11명의 졸업생을 배출하게 되었습니다. 항공술을 배운 졸업생들은 의기가 충천하여 "도쿄로 날아가 쑥대밭을 만들자"고 호언하기도 했습니다. 타국에서 조선인의 손으로 비행사를 양성한다는 것은 생각하지도 못한 일이었습니다. 또한 독립전쟁을 위한 항일 비행군단을 조직한 것은 우리 공군 역사에서도 매우 의미 있는 사건입니다.

장군이 평소 가족에게 했던 "국가와 민족을 사랑하라"는 말은 유언이 되어버렸습니다. 그는 그토록 소원하던 조국의 광복을 보지 못한 채 갑자기 세상을 떠나고 맙니다. 후학들은 그의 죽음을 깊이 애도했으며 나라 잃은 슬픔을 다시 한 번 느낄 수밖에 없었습니다. 그는 대한민국 공군을 만든 초대 지휘관으로 인정받고 있습니다. 오늘날 대한민국의 모든 공군들이 노백린 장군을 존경하고 있습니다.

노백린의 정신은 후대로 이어졌습니다. 장남 노선경은 만주 신흥무관학교를 졸업한 뒤 대한독립단에서 활동했고, 둘째 아들 노태준은 광복군 구대장區隊長으로 항일전선에 나섰습니다. 딸 노순경은 3·1만세시위에 참가했다가 서대문형무소에서 옥고를 치른 뒤 중국에서 독립군을 지원했습니다다. 노순경의 남편 박정식은 세브란스병원 의사로 근무하면서 독립군에 자금을 댔고, 하얼빈으로 건너가서 직접 독립군을 치료하기도 했습니다. 박정식은 대한제국 군대 해산에 항거하며 권총 자살을 했던 박승환의 아들이기도 합니다.

이처럼 조국을 사랑하는 마음이 현재 우리가 살아가는 세상의 주춧돌이 되었기에 노백린 장군의 가문에 진심으로 존경을 표합니다.

1993년 6월의 독립운동가

윤세주 尹世胄

1901. 6. 24 ~ 1942. 6. 3

의열단 창설 멤버, 일본군 40만과 최후 결전!

"단결해서 적을 사살하기 바란다."
- 선생의 유언

1901년 출생

1919년 밀양 지역 3·1만세운동 조직

1919년 11월 의열단 창립 멤버

1921년 의열투쟁 중 체포, 7년형 선고

1932년 10월 20일 조선민족혁명간부학교 입교, 제1기 졸업

1932년 11월 10일 한국대일전선 통일연맹 결성

1938년 조선의용대 창설 및 총사령관 역임

1942년 3000명의 조선의용군 vs 40만 명의 일본군 전투 중 순국

윤세주는 의열단의 강령 및 목표에 따라 조선총독부 등 일제 침략 기관을 파괴하고 원흉들을 처단하기 위해 폭탄 투척 지원자를 물색했습니다. 19세의 윤세주는 의열단 동지들과 함께 국내에 들어와서 계획을 모의하던 중 정보가 누설되어 50여 명의 동지들과 함께 체포되었습니다. 그는 끔찍한 고문을 받으며 5년 4개월의 감옥생활을 버티어냈고 1927년에 출옥했습니다.

이후 신문사 기자, 회사 사장 등으로 신분을 위장하여 조용히 지내다 1932년 여름에 중국 난징으로 떠났습니다. 이 시기 윤세주는 어떻게 하면 의열투쟁을 성공적으로 이끌어갈 수 있는지를 고민하게 됩니다. 즉 과거에는 열정과 용기만으로 싸웠으나 이제는 혁명적인 인생 철학과 혁명 이론으로 무장하여 실수나 실패 없는 승리를 위한 혁명 운동을 하기로 다짐합니다.

1932년 10월, 윤세주는 중국 군사위원회 간부훈련단에 입교하여 제1기로 졸업했습니다. 당시 해외 독립군 단체들은 노선이 통일되지 않아 서로 목소리를 높이는 입장이었습니다. 윤세주는 독립운동 단체들을 통합하기 위해 연합준비위원회를 구성했고, 해외 독립운동 단체들을 참가시켜 통일연맹을 결성했습니다.

윤세주는 통일연맹에서 송병조, 김두봉, 김규식, 윤기섭 등과 함께 고위 간부로 선출되었고 독립운동가들이 그토록 바라던 통합정당인 민족혁명당을 탄생시키는 데 큰 역할을 했습니다. 또한 민족혁명당이 일본군으로부터 무력으로 위협받을 수 있음을 지적하며 조선의용대를 편성하여 지휘하는 계획을 제안했습니다. 그는 실제로 조선의용대 핵심 부서에서 공작활동을 벌였습니다.

하지만 독립운동의 암흑기가 찾아옵니다. 윤세주는 머리로만 고민하지 않고 직접 총과 칼을 잡고 나섰습니다. 조선의용대를 이끌고 중일전쟁에 참여한 것입니다. 수많은 전투를 통해 다져진 한국과 중국군의 동맹은 안타깝게도 훗날 한국전쟁 때 중국이 북한군을 '의리'라는 이름으로 지원해주는 근거가 되기도 합니다. 한국과 중국의 연합작전으로 일본과의 전투에서 많은 승리를 이끌어냈던 의열단과 광복군 상당수가 북한에 체류하게 되는데 이는 한국전쟁 초기에 북한이 남한보다 우세한 전력을 보였던 이유 중 하나이기도 합니다.

윤세주는 조선의용대를 조선의용군으로 이름을 바꾸고 중국 팔로군과 함께 많은 전투를 치렀습니다. 그는 대원들에게 신뢰와 존경을 받는 지휘자였는데, 그 이유는 전투 때마다 맨앞에서 직접 총을 들고 싸웠기 때문입니다.

1942년 2월 일본군 4만 명이 윤세주를 잡기 위해 그의 부대가 주둔해 있던 타이항산을 공격했습니다. 하지만 4만 명으로도 윤세주를 잡기엔 역부족이었습니다. 그러자 일본군은 5월에 20개 사단을 총출동시켜 40만 명의 병력으로 공격해왔습니다. 일본군의 기록에 따르면 당시 조선의용군 병력은 놀랍게도 3천~4천 명 수준이었다고 합니다. 윤세주가 어느 정도의 존재감과 능력을 가진 지휘관이었는지 가늠할 수 있습니다.

5월 29일, 운명적인 전투가 벌어졌습니다. 치열하게 전투를 벌이던 윤세주와 부대원들. 그는 마지막까지 탈출로를 확보하려고 노력했고 전군이 탈출하도록 지원했습니다. 총알이 빗발치는 현장에서 양쪽 산봉우리 사이의 탈출로를 확보하기 위해 조선의용군이 기습 선제공격을 벌였고, 나머지 대원들이 탈출할 때까지 사수하는 작전을 펼쳤습니다. 이때 기습 선제공격을 한 소수정예 요원 중에 윤세주도 있었습니다. 작전개시 5시간 만에 탈출로를 확보한 조선의용군도 탈출에 성공합니다.

하지만 윤세주는 적탄에 맞아 꼼짝 못하는 상태가 되었고, 총탄을 맞은 그 자리에서 3일 동안 치료도 못한 채 정신력으로 버텨야 했습니다. 3일 후 그를 찾으러 목숨을 걸고 현장에 돌아온 부하들에게 그는 이런 말을 남기고 숨을 거두었습니다.

"단결해서 적을 사살하기 바란다."

이때 윤세주의 나이는 41세였습니다. 그가 서거했을 때 그의 부대원들은 모두 통곡했습니다. 그의 죽마고우이자 의열단을 함께 만든 의열단장 김원봉도 끝내 감정을 참지 못하고 흐느껴 울었다고 합니다. 그렇게 윤세주는 세상을 떠났지만 그분의 정신과 의지는 증손자 윤세호를 통해 면면히 이어지고 있습니다. 그는 대한민국 공군중사로 나라를 위해 일하고 있습니다.

1993년 8월의 독립운동가

남자현南慈賢

1872. 12. 7 ~ 1933. 8. 22

평범한 여성,
'여자 안중근'이 되다

"만일 너의 생전에 독립을 보지 못하거든
너의 자손들에게 똑같은 유언을 하여 내가 남긴 돈을
독립 축하금으로 바치도록 하라."

1872년 출생
1896년 남편이 의병활동 중 전사
1919년 서로군정서 가입
1925년 조선총독 사이토 마코토 암살 시도
1932년 국제연맹조사단에 혈서로 독립 호소(하얼빈)
1933년 주만 일본 전권대사 무토 노부요시(武藤信義) 암살 시도
1933년 8월 순국

남자현은 영화 〈암살〉에서 배우 전지현이 맡은 역할로 우리에게 알려진 여성 독립운동가입니다. 실존 인물이기에 더욱 화제가 되었던 남자현 열사에 대해 알아보겠습니다.

어려서부터 총명했던 선생은 7세에 국문에 능통했고, 소학과 대학을 배웠다고 합니다. 19세가 되던 무렵 김영주에게 시집가서 평범하고 단란한 가정을 꾸렸습니다. 그러나 일제의 만행이 점점 극성을 부리자 남편 김영주는 남자현에게 이렇게 말하고 집을 떠납니다.

"나라가 망해가는데 어찌 집에 홀로 있을 것인가. 지하에서 다시 만납시다."

그러고는 영양군 지역의 의병장 김도현과 함께 왜군과 싸우다가 전사합니다. 남편의 전사 소식을 들은 선생은 복수심에 밤잠을 이루지 못했습니다. 그러나 어린 아들과 시부모를 봉양해야 했기에 명주를 짜서 팔아 생계를 이어갔습니다.

시간이 흘러 46세가 되던 무렵, 전국에서 3·1만세운동이 일어났습니다. 이제야 남편의 원수를 갚을 때가 왔다고 생각한 남자현은 아들과 함께 압록강을 건너 중국으로 가서 서로군정서에 들어갔습니다. 그곳에서 독립군의 뒷바라지를 도맡아하며 북만주 일대에 12개의 교회를 세웠고 여성 계몽운동에 힘써 10여 개의 여자교육회를 설립했으며 여성의 권리 신장과 자질 향상에 일생을 바쳤습니다.

서로군정서에서 활동한 지 어느덧 6년이 지날 무렵, 좋은 기회가 찾아옵니다. 사이토 마코토 총독을 암살할 수 있는 기회를 맞아 거사를 추진했으나 삼엄한 경계로 뜻을 이루지 못했습니다.

1927년 봄, 안창호 선생은 독립운동가들과 망명 중인 한국인 500명을 모아 나석주 의사의 추도회 및 조국의 미래를 위한 강연회를 열었습니다. 그러자 일본은 중국 헌병사령관을 압박하여 안창호, 김동삼 등 300명을 체포했습니다. 이때 남자현은 수많은 애국지사들이 석방될 때까지 정성껏 옥바라지를 했으며, 끊임없이 탄원서를 넣어 보석으로 풀려나도록 힘을 썼습니다.

만주사변 후 독립운동가 김동삼이 일본 경찰에게 붙잡혔지만 아무도 나서서 접촉하지 못하고 있을 때 남자현은 그의 친척으로 위장해서 면회를 하고 연락책 역할을 해냅니다. 김동삼의 지시를 동지들에게 전달한 후 그가 국내에 호송될 때 구출하기 위해 치밀한 계획까지 세웁니다.

1932년 9월 국제연맹 조사단이 일본의 침략상을 파악하기 위해 하얼빈에 파견되었습니다. 이 소식을 접한 남자현은 일제의 만행을 조사단에게 직접 호소하기 위해 왼손 무명지 두 마디를 잘라 흰 천에다 '조선독립원朝鮮獨立願'이라는 혈서를 쓴 뒤 잘린 손가락 마디와 함께 국제연맹 조사단에 전달했습니다. 한국의 독립의지를 알리는 동시에 일본인들에게 속지 말라는 호소였습니다. 역사를 연구하는 사람들은 이 사건을 아주 중요하게 생각하는데, 이러한 행동과 용기가 훗날 안중근 의사의 혈서에도 영향을 미쳤다고 보기 때문입니다.

남자현은 죽음을 앞둔 순간에도 오직 조국을 생각하며 자식들에게 다음과 같은 유언을 남겼습니다.

"사람이 죽고 사는 것이 먹는 데 있는 것이 아니고 정신에 있다. 독립은 정신으로 이루어지느니라."

"만일 너의 생전에 독립을 보지 못하거든 너의 자손에게 똑같은 유언을 하여 내가 남긴 돈을 독립 축하금으로 바쳐라."

남자현이 남긴 248원은 그의 자식들을 통해 1946년 3월 1일 김구 선생에게 전달되었습니다.

일평생을 오로지 조국의 자주독립과 민족의 존영을 위해 싸우다 옥고로 순국하신 남자현 선생. 그는 1933년 8월 죽기로 결심하고 옥중에서 15일 동안 단식 투쟁을 벌였습니다. 6개월간의 혹독한 고문과 옥중생활로 사경을 헤매게 되었고, 사태가 위중해지자 일본 경찰은 보석으로 그를 석방했습니다. 선생은 며칠 후 서거하셨습니다.

당시 하얼빈의 사회 유지, 부인회, 중국인 지사들은 남자현을 '독립군의 어머니'라고 존경하면서 하얼빈 남강외인南崗外人 묘지에 안장하여 생전의 공로를 되새겼습니다. 여성의 몸으로 독립운동에 평생을 바친 여사의 영전에 동지들은 깊은 애도를 표했습니다.

1993년 10월의 독립운동가

이장녕 李章寧

1881. 5. 20 ~ 1932. 1. 24

만주에서 독립군을 양성한
대한독립군단 참모총장

"정예화된 군대를 이끌어 조국의 독립을 되찾겠다."

1881년 출생

1919년 북로군정서 참모장

1920년 대한독립군단 조직

1930년 한국독립당 감찰위원장

1932년 순국

이장녕은 이동녕과 같은 천안 출신의 독립운동가입니다. 두 분은 같은 집안의 사람인데, 이장녕에 대해서는 자세한 연구를 찾기 어려운 현실입니다. 이장녕은 대한제국 육군무관학교를 졸업하고 육군 장교로 복무하던 중 나라가 일제에 완전히 빼앗기는 것을 경험했습니다. 그는 일제에 의해 군대가 강제로 해산되자 온 가족을 이끌고 1907년 11월 중국으로 망명했습니다.

3개월이나 걸려 도착한 중국. 이곳에서 이장녕은 신민회 해외 독립운동기지를 건설하고자 했습니다. 실제로 이회영 가문보다 3년 먼저 이주한 사람으로서 나중에 온 동포들의 정착을 적극적으로 도왔다는 기록이 있습니다. 또한 이회영과 함께 신흥무관학교를 설립한 뒤 교관, 교장을 역임했고, 독립군 배출에 온 힘을 썼습니다. 더욱이 백산학교 교사도 역임했는데 이러한 활동은 서간도 지역에서 선생의 활동범위를 짐작할 수 있게 해주는 중요한 단서입니다.

1919년 이장녕은 서일, 김좌진, 조성환 등과 함께 북로군정서를 조직하고 참모장 및 참모관으로 활동했으며, 북로군정서에서 단기속성 사관학교를 부속으로 세우자 이범석 등과 함께 교관으로 활동하기도 했습니다. 이때 그의 역할은 매우 중요했습니다. 그가 교관으로 있을 때 서로군정서와 북로군정서는 긴밀하게 협력하기로 했고, 그 덕분에 전투에서 승리할 수 있었으며, 이후 청산리 대첩으로까지 이어졌기 때문입니다. 훌륭한 지휘관의 존재만으로는 대규모 전투에서 승리하기 어렵습니다. 홍범도, 김좌진 장군이 승리의 주역이라면 이장녕은 숨은 주역이었다고 할 수 있습니다.

1920년 말에는 청산리 대첩 이후 독립군들이 밀산密山 지역으로 이동하게 됩니다. 이곳에서 3500여 명의 대병력을 거느린 대한독립군단大韓獨立軍團이 조직되어 참모장에 이동녕, 총재 서일, 부총재 홍범도 장군 등과 함께 대일 무력항쟁을 이어갔습니다. 그 후 이장녕은 신숙, 홍진, 지청천 장군 등과 함께 한국독립당을 조직했고, 한중 연합군을 조직하여 무장 항일투쟁을 지속했습니다.

1993년 12월의 독립운동가

오동진 吳東振

1889. 8. 15 ~ 1944. 12. 1

무장항쟁의 선봉에 선
의지의 사나이

"나는 세계평화를 완성하기 위하여
조선독립군 사령관이 되었다."
- 법정에서

1889년 출생
1920년 광복군총영장 역임, 궐석재판에서 징역 10년 선고
1922년 대한통의부 조직. 군사위원장, 사령장 역임
1924년 친일파 암살 지령 선포, 일본영사관 파괴 명령 선포
1925년 정의부 의용군 사령장 역임
1926년 고려혁명당 군사위원장, 총사령 역임
1927년 12월 밀정에 의해 체포, 무기징역형 선고
1944년 공주형무소에서 순국

오동진은 1927년까지 부하 1만 4149명을 지휘하면서, 일제 관공서 습격 143회, 일제 관리 살상 149명, 밀정 등 765명 살상이라는 당시 평북경찰부의 대한통의부 활동 통계가 말해주듯 평생을 항일 무장투쟁으로 일관해온 전설적인 독립운동가입니다.

그는 독립운동가 양기탁과 함께 당시 각기 다양한 노선을 지향하던 독립운동 단체 및 지방자치단체를 규합하여 통일회의를 개최했으며, 정의부를 조직했습니다. 우리가 교과서에서 '참·정·신'이라고 외우는 참의주, 정의부, 신민부의 '정의부'를 말합니다.

정의부는 입법·행정·사법기관을 두었으며, 직할 부대로 '정의부 의용군'을 두었는데 이 직할부대의 사령관이 바로 지청천 장군이었습니다. 총 8개 중대에 700여 명의 병력이 주둔해 있었고 많은 전투에 참여하여 적지 않은 전과를 올렸습니다.

1926년 3월 3일. 오동진은 전장에서 뛰어난 공적을 세웠고, 좌익 세력과 우익 세력을 통합한 독립운동을 추진했습니다. 그렇게 해서 만들어진 당이 고려혁명당입니다. 당시 고려혁명당의 당원 수는 무려 1500명에 이르렀고, 오동진은 정의부 군사위원장으로 총사령관을 겸임했습니다.

이 무렵 옛 동지 김종원이 그를 찾아옵니다. 독립운동 후원금 및 군자금을 지원해줄 투자자를 찾았다는 것입니다. 금광을 소유하고 있던 사람인데 직접 선생을 만나고 싶어한다고 했습니다. 오동진은 그의 말을 곧이곧대로 믿고 약속 장소에 나갔습니다. 그러나 그것은 함정이었죠. 김종원은 일제의 앞잡이로 변절한 사람이었고, 결국 그의 밀고로 신의주의 악질 고등형사인 김덕기에게 체포되었습니다.

오동진은 일본의 재판을 거부하면서 1929년 11월 11일부터 33일 동안 단식했습니다. 1932년 3월 5일 강제로 재판정에 서게 되었는데 광기가 발작했다는 억지 이유로 퇴장당한 채 일본인 검사로부터 무기징역을 구형받았습니다. 3월 9일 신의주지방법원에서도 같은 형을 선고하자 그는 공소가 아무 의미 없음을 깨달았습니다. 당시 장기 복역수를 수용하던 경성형무소로 이감된 그는 1934년 6월 11일부터 48일 동안 2차 단식에 들어갔습니다. 7년간의 형무소 생활과 고문으로 인해 몸이 쇠약해질 대로 쇠약해졌음에도 불구하고 2차 단식을 시작하자 다들 그의 정신력에 경이로움을 표했다고 합니다. 일본인 형무소장조차 그와 면담할 때에는 경례를 하고 예를 갖추었다는 일본 측의 기록이 남아 있습니다.

그러나 어느 미친 일본인 의사가 '형무소 정신병'이라는 듣도 보도 못한 병명을 붙이는 바람에 오동진은 1944년에 정신질환자들이 수용된 공주형무소로 강제 이감되었습니다. 그리고 그해 12월 1일 옥중에서 순국했습니다. "위대한 사람은 어디에서도 빛을 발한다"는 말이 있습니다. 바로 오동진 선생 같은 분을 두고 하는 말이 아닐까요?

[특 집 1]

의로울 의! 맹렬할 열!
정의로 뭉친 가슴 뜨거웠던 젊은이들 '의열단'

1919년 전 세계에 '대한독립만세'를 외쳤던 3·1운동은 거국적 비폭력운동이었습니다. 하지만 일제의 무자비한 탄압과 폭력으로 엄청난 희생과 한계를 경험한 사람들은 무장투쟁만이 조국 독립의 길이라고 믿었습니다. 그중 13명의 젊은이들이 있었습니다.

김원봉, 윤세주, 이성우, 곽경, 강세우, 이종암, 한봉근, 한봉인, 김상윤, 신철휴, 배동선, 서상락, 권준.

만주 지린성 파호문 밖 한 중국인의 집에 모인 이들은 밤을 새우며 논의한 끝에 급진적 민족주의 노선을 지향하는 항일 비밀결사인 의열단을 조직하게 됩니다. 의열단 단원은 대부분 신흥무관학교 출신이었고, 의열단의 행동강령은 5파괴 7가살, 그리고 단재 신채호 선생이 작성한 '조선혁명선언'에 기록된 10개의 공약으로 이루어져 있습니다.

5파괴

① 조선총독부 ② 동양척식주식회사 ③ 매일신보사 ④ 경찰서 ⑤ 기타 중요 기관

7가살

① 조선총독과 고관 ② 일본군 수뇌 ③ 대만 총독과 고관 ④ 친일파 ⑤ 밀정 ⑥ 반민족적 토호 ⑦ 매국노

10공약

① 정의로운 일을 맹렬히 실행한다!
② 조선의 독립과 세계의 평등을 위해 몸과 목숨을 희생한다!
③ 충의의 기백과 희생정신이 확고한 자만 단원으로 한다!
④ 단의 뜻을 우선하고 단원의 뜻을 실행하는 데 속히 한다!
⑤ 올바른 성품을 가진 지도자 한 사람을 선출하여 단체를 대표한다!
⑥ 언제 어디서든 매달 일차씩 상황을 보고한다!
⑦ 언제 어디서든 모이도록 요청하면 반드시 응한다!

⑧ 죽지 않고 살아 있어라!

⑨ 한 사람은 다수를 위해, 다수는 한 사람을 위해 헌신한다!

⑩ 배신자는 의열단의 이름으로 척살한다!

"조선총독 죽이기를 5~6명에 이르면 후계자가 되려는 자가 없을 것이고, 도쿄에 폭탄을 터뜨려 매년 2회 놀라게 하면 그들 스스로 조선을 포기하게 될 것이다." (의열단장 김원봉)

의열단의 의열투쟁은 1920년 일제 고관 암살과 중요 관공서 파괴를 목적으로 하는 제1차 암살파괴 계획에 따라 밀양과 진영에 폭탄을 반입하려는 투쟁으로 시작되었습니다. 이 계획은 실행에 옮겨지기도 전에 일제에 발각되어 실패했지만 이후 부산경찰서와 밀양경찰서 폭탄 투척(1920), 조선총독부 폭탄 투척(1921), 상하이 황포탄 의거(1922), 종로경찰서 폭탄 투척(1923) 등으로 이어졌습니다.

1920년대의 의열투쟁

1924년 도쿄 궁성 앞 니주바시二重橋 폭탄 투척과 1926년 나석주 의사의 동양척식주식회사 폭탄 투척과 조선식산은행 폭탄 투척 등은 의열투쟁의 하나였습니다. 이후에도 제3차 폭탄 계획, 대구 부호 암살 계획, 베이징 밀정 암살 사건, 경북의열단 사건 등 의열단의 의거는 계속되었습니다. 의열단의 항일투쟁은 민족운동사에 큰 영향을 끼치게 됩니다.

1926년 이후 의열단원들은 중국 국민당 정부가 운영하던 황포 군관학교에 입학하여 군사정치교육을 받았고, 훗날 상하이 임시정부를 둘러싼 독립운동 조직들이 일본과 싸우기 위해 통합한 조선민족혁명당으로 개편됩니다. 임시정부는 초기에 의열단의 폭력투쟁 노선을 '모험 행동'으로 받아들여 부정적인 입장이었습니다. 의열단 단장 김원봉은 이승만의 신탁통치 제안이나 임시정부 내부의 파벌 싸움에 실망하여 독자노선을 견지하게 됩니다.

사회주의 계열의 독립운동을 배격하던 김구 선생도 의열단의 활동에 고무되어 한인애국단(1931)을 조직하게 됩니다. 그렇게 이봉창 의사와 윤봉길 의사가 역사에 등장하게 됩니다. 도쿄의 경시청 사쿠라다몬櫻田門 앞에서 일본 천황 히로히토 일행에게 폭탄을 던진 이봉창 의거(1932)와 윤봉길의 상하이 훙커우 공원 폭탄 투척 의거(1932)를 계기로 중국 국민당의 장제스는 임시정부를 적극적으로 후원하게 됩니다. 이는 임시정부의 전성기로 이어집니다.

장제스는 윤봉길 의사의 상하이 훙커우 공원 의거 직후 이런 말을 했습니다.

"1억 명 중국 동포들도 하지 못하는 행동을 조선의 한 청년이 해냈다."

자신들의 존재를 철저하게 어둠 속에 숨기고 일본의 고관들과 친일파를 죽이고 유유히 사라져간 의열투사들, 10년 전만 해도 의열단이라는 말을 입 밖에 꺼내면 경찰에 붙잡혀 갔다는 것을 10대와 젊은 친구들이 알면 뭐라고 말할지……. "무슨 70년대도 아니고……"라고 할지 모르지만 실제로 그런 분위기였습니다. 그만큼 우리의 역사 교육은 편향적이었습니다.

역사는 항상 후대에 의해 평가되고 해석되며 성문화됩니다. 그 시절을 겪지 않았던 우리는 교과서 내용만 가지고 그들의 인생을 함부로 판단하는 실수를 저지르곤 합니다. 따라서 역사는 항상 거시적으로 바라봐야 하고 오늘의 내가 그때 태어났다면 어떤 선택을 했을지 자문하는 진정한 성찰이 필요합니다.

남한에 유관순이 있었다면 북한에는 동풍신이라는 소녀가 있었습니다. 이 소녀는 함경도에서 만세시위를 하다가 체포되었습니다. 감옥에서 고문을 받고 순국했을 때 그 소녀는 겨우 17세였습니다. 동풍신이라는 이름을 들어본 적이 있습니까? 우리 교과서에서는 나오지 않는 이름입니다. 단지 북한 지역에서 독립운동을 했다는 이유로 말입니다.

옳은 것은 옳다고 말해야 하며, 잘못된 것은 잘못되었다고 말해야 합니다. 의로운 행동은 아무리 시간이 지나도 빛이 바래지 않으며, 비겁하고 추악한 행위는 아무리 시간이 지나도 가려지지 않습니다. 오늘을 살아가는 우리는 잠시 이들의 의로운 결의를 생각해보는 시간을 가져야 할 것입니다.

1994년 1월의 독립운동가

이육사 李陸史

1904. 5. 4 ~ 1944. 1. 16

참혹한 시대 속에서도 초인적 의지를 잃지 않은 시인

교목

푸른 하늘에 닿을 듯이 세월에 불타고 우뚝 남아서서

차라리 봄도 꽃피진 말아라

낡은 거미집 휘두르고 끝없는 꿈길에

혼자 설레이는 마음은 아예 뉘우침 아니라

검은 그림자 쓸쓸하면 마침내 호수 속 깊이

거꾸러져 차마 바람도 흔들진 못해라

1930년 첫 시 「말」 『조선일보』 발표, 대구청년동맹 활동 중 수감

1931년 조선혁명군사정치간부학교 1기 입교(의열단)

1933년 조선혁명군사정치간부학교 1기생으로 졸업

1939~1940년 시 「청포도」, 「절정」 발표

1944년 서거

이육사는 우리에게 잘 알려진 인물이지만 의외로 잘 모르는 인물입니다. 우리는 학창시절 이육사를 저항시인, 항일시인이라고 배웠고, 대표적 작품으로 「황혼」, 「절정」,「광야」, 「청포도」, 「교목」 등을 배웠습니다. 그런 이육사 시인이 의열단이었다는 사실을 아시나요? 이육사에 대해 조금 더 자세히 살펴볼 필요가 있습니다.

이육사는 어릴 때 할아버지에게 한학을 배웠습니다. 그의 할아버지는 학교를 지어 운영하던 교장선생님이었습니다. 이육사도 자연스레 할아버지 학교에서 공부하게 됐습니다. 열두 살 무렵에는 잠시 일본에 건너가 1년 정도 머물렀는데 돌아오자마자 항일단체인 정의부 군정서 의열단에 들어가게 됩니다.

이육사는 의열단의 임무를 띠고 베이징에 다녀오기도 했는데, 어떤 임무였는지는 기록이 소실되어 알 수 없습니다. 의열단의 활동에 관한 기록들은 워낙 찾기가 어려운데 폭탄의거를 일으켜 신문에 대서특필된 기록은 찾을 수 있지만 의열단 내에서 다른 방식으로 활동한 독립투사들의 경우에는 관련 자료가 거의 남아 있지 않습니다. 어쩌면 그렇게 점조직으로 운영되었기에 마지막까지 의열단원들은 서로를 배신하지 않았고 수십 년 동안 일제의 간담을 서늘하게 만들 수 있었겠지요.

이육사는 시인으로서 문화활동을 했을 뿐만 아니라 직접 항일 독립운동에 관여했다는 점에 주목할 만합니다. 1927년 장진홍이 일으킨 대구은행 폭파 사건에 연루되어 형과 동생까지 세 형제가 옥살이를 하게 되는데 이때 받은 수인번호가 264번입니다. 이육사라는 이름은 여기서 따온 것입니다.

나중에 장진홍이 체포되고 나서야 이육사는 무죄로 풀려나게 되지만 이미 혹독한 고문을 받은 후였습니다. 그러나 일제의 고문은 민족정신을 더 강하게 만들어주었습니다. 1926년 10월 광주학생사건으로 이육사는 다시 투옥되었고, 출옥 후에는 베이징대학 사회학과에서 루쉰과 함께 독립운동을 계속 이어나갔습니다.

1931년 이육사는 의열단과 중국 국민당 정부가 합의하여 만든 조선군관학교 간부훈련반에 들어가서 2년 동안 독립군 간부교육을 받은 뒤 제1기생으로 졸업합니다. 역사 기록을 살펴보면 졸업할 때 이름도 '이육사'였습니다.

그 뒤로도 만주 등을 전전하며 정의부, 군정부, 의열단 등 여러 독립운동 단체에 가담하여 독립투쟁을 벌였습니다. 귀국한 후에는 육사라는 필명으로 시 「황혼」을 발표하며 시인으로 등단합니다.

내 골방의 커튼을 걷고 정성된 마음으로 황혼을 맞아들이노니
바다의 흰 갈매기들 같이도 인간은 얼마나 외로운 것이냐
황혼아 내 부드러운 손을 힘껏 밀어라
내 뜨거운 입술을 맘대로 맞추어보련다
그리고 네 품안에 안긴 모든 것에게 나의 입술을 보내게 해다오
저 12성좌의 반짝이는 별들에게도

종소리 저문 산림 속 그윽한 수녀들에게도
시멘트 장판 위 그 많은 수인들에게도
의지 가지 없는 그들의 심장이 얼마나 떨고 있는가

이육사는 신문사와 잡지사를 옮겨 다니며 논문, 시나리오 등을 발표하고, 시 「청포도」, 「교목」, 「절정」, 「광야」를 발표합니다. 1943년 어머니와 큰형의 제사를 지내기 위해 귀국했다가 한 달 만에 체포되어 베이징으로 압송되었습니다. 그리고 베이징에 있던 일본총영사관 교도소에서 서거하셨습니다.

이육사가 체포된 이유는 조선군관학교 출신의 의열단 간부라는 점 때문이었습니다. 당시 의열단이 일제에 입힌 피해가 막대했기에 일제는 관련자들을 색출하는 데 혈안이 되었습니다.

2012년에 서거하신 여성 독립운동가 이병희의 진언을 통해 우리는 역사에서 잊혀질 뻔했던 새로운 사실 하나를 알게 되었습니다. 당시 이병희가 체포되자 이육사는 자신이 남편이라고 나서면서 독립운동은 자기가 했지 이 여자는 아무런 관련이 없다고 주장했다고 합니다. 그렇게 이병희 대신 감옥에 들어간 이육사는 한 달 뒤 고문으로 인해 옥중에서 돌아가셨습니다. 이병희는 이육사의 시신 및 유품을 직접 인수한 인물로 잘 알려져 있는데, 그분의 진언에 따르면 이육사는 코와 입에서 피가 흘러나온 상태였고 두 눈을 뜨고 누워 있었다고 합니다. 이병희는 너무나 미안한 마음에 평생 죽을 때까지 잊지 않겠다며 이육사의 눈을 감겨주었다고 합니다.

우리는 이육사와 윤동주를 함께 언급하곤 합니다. 저항시인 누구 알고 있어? 하면 윤동주나 이육사라는 이름이 바로 나올 만큼 우리에게 친숙한 이름들입니다. 이육사의 저항시, 그것도 강렬하게 드러나는 항일정신. 그것은 그의 말과 행동에 그대로 녹아 있었을 겁니다. 그런 강력한 저항시를 쓰는 사람이 무장투쟁을 했다는 것은 어쩌면 매우 자연스러운 일입니다. 특히 이육사가 의열단원이었다는 것은 저 또한 처음 알게 된 사실이라 감회가 새롭습니다.

실제로 이육사는 열일곱 번이나 투옥되었으며, 1943년 일제가 한글 사용을 금지했을 때는 붓을 꺾지 않고 한시만 쓰면서 저항의지를 드러냈습니다. 윤동주 시인이 부끄러움, 반성, 기독교적 희생을 다룬다면, 이육사는 남성적이고 목가적이며 극한에서도 굽히지 않는 의지를 표현했습니다. 그럼에도 일제강점기에 변절했던 문인과 지식인들이 해방 이후 온갖 문화권력을 누리며 살아간 것은 많은 생각을 하게 합니다.

「광야」

(……)

지금 눈 내리고 매화 향기 홀로 아득하니

내 여기 가난한 노래의 씨를 뿌려라

다시 천고의 뒤에 백마 타고 오는 초인이 있어

이 광야에서 목 놓아 부르게 하리라

1994년 2월의 독립운동가

임병찬 林炳瓚

1851. 2. 5 ~ 1916. 5. 23

대한독립의군부를 결성하여
의병전쟁을 준비한 조선의 관리

1851년 출생

1866년 전주부 감시 합격

1906년 을사늑약 이후 의병부대 창설

1912년 고종의 밀명으로 독립의군부 전라도 대장 역임

1914년 독립의군부의 이름으로 각군 대표 편성

1914년 조선총독에게 국권반환 요구서 제출

1916년 유배지에서 순국

1905년 을사늑약 체결로 일제에게 나라의 외교권이 박탈당하자 이에 분노한 면암 최익현은 호남 지역으로 내려갔습니다. 이를 기회로 본 임병찬은 최익현을 만나 의병활동을 시작하게 됩니다.

최익현과 임병찬은 사제의 연을 맺었습니다. 기록에 따르면 최익현은 임병찬에게 병권을 위임했다고 합니다. 병권을 위임받은 임병찬은 전라북도 무성서원에서 의병부대를 만들었고 사방 고을에 의병 격문을 돌려 군량미를 확보하고 약 천 명의 부대원을 모집했습니다.

이후 임병찬은 의병부대를 이끌며 일본군과의 전투에서 승리를 이끌어냈지만 의병부대 간에 노선과 이념이 달라 스스로 궤멸될 위기에 처하자 의병부대를 임시 해산했습니다. 그러자 이때를 기다렸다는 듯 일본군은 최익현과 임병찬을 체포하여 쓰시마에 감금했습니다. 그 후 최익현은 단식으로 항쟁하다 순국하셨고, 1907년 1월 임병찬은 유배지에서 돌아오게 됩니다.

1910년 국권을 완전히 빼앗기자 고종은 임병찬에게 밀명을 보냈습니다.

"임병찬 의병장을 독립의군부 전라도 대장에 임명한다."

고종은 국권을 되찾기 위해 독립의군부라는 군사조직을 전국적으로 조직하여 무력투쟁을 추진할 계획을 세웠고, 임병찬의 의병활동을 잘 알고 있었기에 나라를 빼앗긴 직후 바로 밀명을 내렸던 것입니다.

임병찬은 고종이 내린 임무를 수행하는 데 본인이 적합한 인물인지를 고민하면서 여러 차례 명을 거두어달라는 상소를 올렸습니다. 1913년 고종이 다시 한 번 청하자 받아들이지 않을 수 없었습니다. 이때 임병찬은 오래전부터 마음속에 품어오던 전략과 독립운동의 방향이 있었기에 앞으로 독립의군부를 이렇게 이끌어야 한다는 전략 및 활동 방법을 『관견』이라는 책으로 엮어 고종에게 제출했습니다.

1914년 3월 임병찬은 각도 각군의 대표를 선정하여 대한독립의군부를 편성했습니다. 그리고 조선총독 및 일본 고위 관료들에게 조선을 부당하게 빼앗은 사실을 깨우쳐주기 위해 대규모 의병전쟁을 준비했습니다.

3·1운동을 계기로 독립운동은 180도 달라졌다고 볼 수 있습니다. 간단히 설명하자면, 3·1운동 전에는 대부분 의병활동과 민족정신 교육이 주를 이루었고 그 이유는 을사늑약, 단발령, 명성황후 시해 등이었습니다. 이때까지만 해도 비폭력적인 방법으로 독립운동을 할 수 있다고 믿었던 거죠.

실제로 의병대장을 맡았던 임병찬은 조선총독과의 면담을 요구했으며, 실제로 찾아가서 '국권반환 요구서'를 내밉니다. 하지만 이때를 노린 일제는 그와 독립의군부 간부들을 체포하여 투옥합니다. 일제의 이런 비겁한 행동에 임병찬은 자결을 시도했으나 뜻을 이루지 못했고, 거문도에 유배된 후에는 단식으로 다시 한 번 목숨을 끊으려 했으나 이번에도 뜻을 이루지 못하다 유배지에서 생을 마감했습니다.

1994년 4월의 독립운동가

양기탁 梁起鐸

1871. 4. 2 ~ 1938. 4. 19

투옥과 탈출을 반복하며
끝없이 항일투쟁을 벌인 언론인

1871년 출생

1911년 105인 사건에 연루되어 고초를 겪음

1918년 11월 중국 톈진에서 체포되어 압송, 2년간 거금도에 감금당함

1920년 8월 미국 의원들에게 한국의 독립을 홍보하다가 체포되어 투옥

1923년 무장 독립운동 단체인 의성단을 조직하여 만주 내 일제 기관을 파괴하는 활동을 벌임

1933년 대한민국 임시정부 국무령 역임

1934년 민족혁명당 결성

1937년 8월 민족혁명당 탈당 후 조선혁명당 재건, 당수 역임

1937년 8월 한국광복진선 조직

1938년 4월 19일 과로로 서거

양기탁은 한국인의 민족의지를 세계만방에 알리고 외세의 침략을 국민에게 알리는 일이 시급하다고 판단했습니다. 이렇게 해서 만들어진 것이 『대한매일신보』입니다. 『대한매일신보』는 우리 독립운동사의 중요한 페이지를 장식한 신문이므로 꼭 기억해두시길 바랍니다.

당시 『대한매일신보』는 영국인 베델이 사장이었기 때문에 일본의 감시망에서 어느 정도 자유로울 수 있었습니다. 독립운동, 특히 의병활동을 상세히 소개하여 높이 평가하고 항일의식 고취에 앞장서는 등 민족의 신문이라고 불릴 정도였습니다. 이때는 신문지법에 의해 일체의 기사를 검열했기 때문에 『대한매일신보』는 단비 같은 존재였음을 짐작해볼 수 있습니다. 1909년 10월 26일 안중근 의사가 이토 히로부미를 처단한 소식을 경사 났다고 알린 것은 큰 화제가 되었습니다.

1907년 1월 대구에서 시작한 국채보상운동이 전국적으로 확대되자 『대한매일신보』에서는 신문사 안에 국채보상지원금총합소國債報償支援金總合所를 개설하여 돈을 모금하기 시작했습니다. 일본은 당시 총무직을 맡고 있던 양기탁에게 터무니없는 혐의(국채보상금 횡령)를 씌워 구속했습니다. 사장인 베델이 억지 혐의임을 증명하여 결국 무죄로 풀려났지만 두 달 동안 모진 고문을 당해야 했습니다.

그러나 양기탁의 강한 정신력과 독립에 대한 의지는 모진 고문으로도 꺾이지 않았습니다. 감옥에서 나온 직후 안창호와 함께 비밀결사인 신민회新民會를 창립합니다.

양기탁은 당시 독립운동가 및 나라를 사랑하는 사람들과 긴밀한 유대관계를 맺고 있었고 국민들로부터 존경을 받고 있었습니다. 양기탁은 신민회 총감독을 맡고, 안창호가 집행을 담당하게 됩니다.

신민회 본부는 대한매일신문사 안에 두고 지방지국을 연락망으로 구성했으며 조직을 도, 군, 반 단위까지 세포조직화하여 누가 회원인지 알 수 없게 했습니다. 창건 위원들은 신민회 창립 후 즉각 자신의 영향력 안에 있는 인사들을 가입시켜, 1910년경에는 회원이 약 800명으로 늘었습니다. 이는 당시 영향력 있는 애국 계몽운동가들을 거의 전부 망라한 것으로 신민회의 규모와 창건 멤버들의 역량을 짐작하게 합니다.

1900년대 후반에 접어들면 일본의 의병 탄압이 극심해서 의병활동이 위축되었습니다. 이때 신민회는 해외에 독립군 기지를 건설하고 독립군대를 만들기 위해 양기탁의 집에서 모임을 가졌습니다. 이들은 국외에 독립군 기지를 건설하여 무관학교를 설립하고 기회를 보아 국내 진입 작전을 펴서 국권을 회복하자는 결론을 내립니다. 이렇게 해서 설립된 학교가 신흥무관학교입니다. 이제는 우리에게 친숙한 의열단! 그리고 영화 〈암살〉에 나오는 '속사포'가 신흥무관학교 출신입니다.

뒤이어 일본은 데라우치 마사타케 총독 암살 모의 사건(일명 105인 사건)을 꾸며내어 전국에 있는 신민회 회원(독립운동가 지도층) 800명을 체포합니다. 이중 105인이 투옥되었기 때문에 105인 사건이라고 불립니다. 양기탁도 체포되어 모진 고문을 받고 징역 10년을 선고받습니다. 그리고 이송 중 탈출에 성공하여 만주로 건너가게 됩니다. 양기탁은 신흥무관학교와 광복회에서 활동하는 데 헌신합니다. 하지만 일본 경찰에게 붙잡혀 2년 동안 수감되었고 옥중에서 3·1운동을 맞이하게 됩니다.

1920년에 석방된 양기탁은 서울에 들어와서 『동아일보』 고문이 됩니다. 그해 미국 의원들이 아시아 3국 순방의 일환으로 우리나라를 방문했을 때 그는 서울역에서 독립만세를 부르다 체포되어 또다시 투옥됩니다. 양기탁의 어머니는 이 소식을 듣고 숨을 거두게 됩니다. 그는 이를 계기로 잠시 방면된 틈을 타서 다시 한 번 탈출에 성공하여 만주로 갑니다. 양기탁의 일생은 이런 사건들의 반복으로 점철됩니다. 돌아가시기 전까지 그의 머릿속에는 오직 조국만이 있었습니다. 탈출, 투옥, 탈출, 투옥, 그리고 다시 탈출, 투옥. 왜 그는 이토록 조국을 위해 헌신했을까요? 젊은이들에게 무엇을 보여주고 싶었던 것일까요? 어쩌면 오늘날 우리가 당연히 여기는 '권리'와 '의무' 때문이 아니었을까요?

대한민국 헌법 제1조 2항에는 다음과 같은 말이 나옵니다.

"대한민국의 주권은 국민에게 있고, 모든 권력은 국민으로부터 나온다."

1994년 5월의 독립운동가

신팔균 申八均

1882. 5. 19 ~ 1924. 7. 2

남편의 순국 소식에 가족 전부 목숨을 끊다

1882년 출생

1903년 대한제국 육군무관학교 졸업, 육군 참위 임관

1909년 비밀결사 대동청년단 가입

1910년 서로군정서, 신흥무관학교 교관 활동 및 독립운동가 양성

1920년 대한통의부 의용군 사령관, 군사부 위원장 역임

1924년 7월 2일 일본의 사주를 받은 마적의 기습공격을 받고 총상으로 순국

노블레스 오블리주의 실천! 국권을 빼앗긴 1900년대 초 우리나라는 국권 회복과 조국의 독립을 위해 수많은 애국선열들이 목숨을 바쳤습니다. 이중에서도 두드러지는 인물과 집안이 있습니다. 자기 자신뿐 아니라 집안 전체가 독립운동을 하다 순직한 어느 가족에 대해 이야기하려 합니다. 신팔균 장군은 우리에게 친숙한 김좌진, 홍범도, 김동삼 장군과 함께 만주를 무대로 항일 독립투쟁을 전개했던 무장투쟁가입니다.

『삼국지』를 읽어보지 않은 사람도 유비, 관우, 장비가 맺은 도원의 결의를 들어본 적이 있을 겁니다. 우리 독립운동사에도 이런 인물들이 있었습니다. 사람들은 지청천, 김경천, 신팔균 장군을 남만삼천이라고 불렀습니다. 서로 마음이 통했던 3명의 위대한 장군들은 조선판 도원의 결의를 맺게 됩니다.

'동천'이라는 별명을 가진 신팔균 장군은 군인 집안에서 태어나 자연스럽게 대한제국의 군인으로 성장했습니다. 대한제국 육군무관학교를 졸업한 뒤 1903년에 육군 참위로 임관했습니다. 오늘날 육군사관학교를 졸업하고 육군 소위로 임관하는 것과 같습니다. 1907년 일본에 의해 대한제국의 군대가 강제 해산되자, 신팔균은 1909년 비밀결사 조직인 대동청년단에 가입하면서 독립운동에 투신하게 됩니다.

1910년에 국권을 일제에 빼앗기자 신팔균은 만주로 망명하여 서간도에서 활동했습니다. 서로군정서와 신흥무관학교 교관으로 근무하면서 수많은 독립운동가들을 양성했습니다. 1920년 서로군정서, 대한독립단, 광한단이라는 독립운동 단체들과 여러 무장단체들을 통합하여 임시정부 성격의 대한통의부가 설치되자 대한통의부 직할부대인 '대한통의부 의용군'의 사령관과 군사위원장을 맡게 됩니다.

아마도 많은 분들이 대한민국 임시정부의 직할부대인 한국광복군을 기억할 것입니다. 미국의 첩보부대인 OSSOffice of Strategic Services와 함께 서울 진공작전을 펼쳐 우리의 힘으로 독립을 되찾기 위해 만반의 준비를 했던 바로 그 부대 말입니다. 한국광복군의 서울 진공작전은 일본이 무조건 항복을 선언하면서 제대로 실행되지 못했지만, 대한통의부 의용군은 일본군과 여러 차례 격전을 치렀고 승리를 얻어냈다는 점에서 의미가 있습니다. 특히 평안북도 지역에서 벌어진 전투가 유명합니다.

그러나 신팔균 장군은 1924년 여름 군사훈련 도중 중국인 마적들의 기습공격을 받고 총상을 입어 돌아가시고 맙니다. 마지막 죽는 순간까지도 일제와 싸우다 전사하지 못한 것을 분통해했다고 합니다. 사실 이들 마적단의 기습은 일제의 사주에 의한 것이었음이 나중에야 밝혀지게 됩니다. 신팔균 장군이 전사하자 함께 독립운동을 하던 부인 임수명도 스스로 목숨을 끊었습니다.

신팔균은 부유한 명문가에서 태어나 기울어가는 국운을 지키고 빼앗긴 조국을 되찾기 위해 목숨을 걸고 항일투쟁을 했습니다. 군인으로서 가정의 안위와 개인의 영달을 버리고 독립을 위해 싸우다 적의 총탄을 맞고 장렬히 순국한 숭고한 애국정신의 소유자입니다. 오늘을 살아가는 우리에게 진정한 노블레스 오블리주를 실천한 역사의 본보기라 할 것입니다.

1994년 6월의 독립운동가

백정기 白貞基

1896. 1. 19 ~ 1934. 6. 5

친일 모리배를 처단하기 위해
총을 잡은 아나키스트

"나의 구국 일념은 첫째, 강도 일제日帝로부터
주권과 독립을 쟁취함이요. 둘째는 전 세계 독재자를 타도하여
자유, 평화 위에 세계 일가一家의 인류 공존을 이룩함이니
왜적 거두의 몰살은 나에게 맡겨주시오."

1896년 출생
1920년 서울에서 군자금 모집 활동
1924년 조선무정부주의자연맹 조직 항일투쟁 전개
1933년 주중 일본공사 암살 시도
1934년 장기형무소에서 옥사

의열투쟁의 한 획을 그은 아나키스트 백정기는 어릴 적부터 성격이 활발하고 글 읽기를 좋아했습니다. 낮에는 아버지를 도와 농사일을 돕고 밤에는 독학으로 공부를 했으며, 의리가 강했다고 합니다. 14세에 사서삼경에 통달할 정도로 영특했고 글재주에도 상당한 소질을 발휘했으며, 지역에서 정치적인 일이 생길 때마다 백정기에게 의견을 물었다고 합니다.

나라를 일제에 빼앗긴 1910년은 백정기가 15세가 되던 해입니다. 어린 소년의 가슴에도 울분이 치솟고 굴욕감이 들었습니다. 그는 시골에서 공부만 하고 있을 수 없다고 판단했습니다. 사람도 있고 문화도 있고 기댈 곳도 있으며 싸울 상대도 있는 서울로 가야겠다고 결심했습니다.

곧이어 이러한 결심에 불을 지핀 사건이 일어났습니다. 고종의 독살설이 퍼지고 3·1만세시위가 일어난 것입니다. 백정기는 급히 고향으로 돌아와서 마을들을 돌아다니며 일본의 침략 사실을 사람들에게 상세히 알리고 모두가 뜻을 모아 싸울 것을 호소하면서 3·1만세시위 운동을 주도했습니다.

그러나 비폭력투쟁의 한계를 절감한 그는 만주로 가서 신채호를 만나게 됩니다. 이곳에서 무력투쟁만이 나라를 되찾을 수 있는 방법임을 깨닫고 의열투쟁을 시작합니다. 그가 만든 의열조직은 '흑색공포단', 단원 수는 총 15명이었습니다. 흑색공포단의 목적은 일제 기관 파괴와 친일파 및 침략 원흉 처단이었습니다. 실제로 그는 흑색공포단의 이름으로 수많은 친일파를 척살하고 밀정을 처단했습니다.

백정기는 중국에 있는 일본공사를 처단할 계획을 세웠으나 실패로 끝나고 말았습니다. 믿었던 자의 밀고에 의해 그는 현장에서 체포되어 나가사키로 압송된 후 무기징역을 선고받았습니다. 복역 중 온갖 고문을 당했으나 마지막까지 신념을 버리지 않았고 고문 후유증으로 옥중 순국했습니다.

1994년 7월의 독립운동가

이준 李儁

1859. 1. 21 ~ 1907. 7. 14

헤이그 밀사로 특파되어
일제 침략의 부당함을 알리다

"사람이 산다 함은 무엇을 말함이며, 죽는다 함은
무엇을 의미하는가. 살아도 살지 아니함이 있고 죽어도
죽지 아니함이 있으니 살아도 그릇 살면 죽음만 같지 않고
잘 죽으면 오히려 영생한다. 살고 죽는 것이 다 나에게 있나니
모름지기 죽고 삶을 힘써 알지어라."
- 선생의 유훈 중에서

1859년 출생
1896년 독립협회 평의원
1904년 공진회 회장
1906년 비밀결사 신민회 조직
1907년 헤이그에서 순국

이준은 헤이그 특사 3인방으로 잘 알려져 있습니다. 하지만 그 외에는 잘 알려진 내용이 없습니다. 조금이라도 더 자세히 그분에 대해 알아야겠다는 생각이 듭니다.

1875년 서울로 상경한 이준은 당시 형조판서였던 최익현으로부터 재사才士로 인정받을 정도로 주변의 기대가 컸습니다. 1884년 이준은 그런 기대에 부응하듯 함경도에서 장원급제를 했습니다. 그 후 재산을 털어 경학원을 설립하고 인재 양성에 힘썼습니다.

1895년 이준은 우리나라에 처음 설립된 법관양성소를 우수한 성적으로 졸업하고 검사가 됩니다. 검사로서 관리들의 비행과 불법행위를 밝혀내며 정의로운 세상을 꿈꾸었으나 탐관오리들의 중상모략으로 2개월 만에 검사직을 그만두게 됩니다.

1904년 러일전쟁에서 승리한 일본은 제1차 한일의정서를 강제로 체결하고 우리나라의 국정에 불법으로 간섭하기 시작합니다. 이에 대해 이준은 반대 시위운동을 벌였으며, 특히 일제가 전국의 황무지 개척권을 요구하자 이상설(헤이그 특사 3인방 중 한 명)과 함께 보안회를 조직하여 어느 때보다 열정적으로 반대 상소를 올리고 시위운동을 전개했습니다. 일제는 이를 가만히 보고 있지 않았고, 보안회를 강제 해산시켜버립니다. 이준은 일제와 밀고 당기기를 하듯 대한협동회를 조직하여 다시 한 번 황무지 개척권을 격렬히 반대하고 실제로 일제의 야욕을 저지하는 데 성공합니다.

일제는 우리의 정신을 분열시키고 내란을 일으킬 목적으로 친일파들의 모임인 일진회를 조직했습니다. 이준은 매국활동을 벌이는 일진회와 정면으로 대결하기 위해 '공진회'를 조직하여 회장에 선임되었습니다. 이후 반反일진회 투쟁을 전개하다가 일제에 체포되었습니다.

유배지에서 풀려나 잠시 중국으로 떠난 그에게 조국에서 한 가지 소식이 전해졌습니다. 일제가 이토 히로부미를 서울로 보내 을사오적과 작당하여 을사늑약을 체결했으며, 이로 인해 민영환이 자결했다는 소식이었습니다. 이준은 비분강개하여 목숨을 걸고 나라를 되찾기 위한 운동에 투신하기로 다짐했습니다. 즉시 조국으로 귀국한 그는 을사늑약을 폐기하라는 장문의 상소문을 올리고 격렬하게 시위운동을 벌였습니다.

그 후 이준은 이동녕, 안창호와 함께 비밀결사 신민회를 조직했고, 1907년 네덜란드 헤이그에서 만국평화회의가 개최된다는 소식을 듣고 비밀리에 고종을 접견했습니다. 이때 고종은 이준에게 다음과 같은 특명을 내렸습니다.

"평화회의에 가서, 을사조약이 황제의 의사에 의해 이루어진 것이 아니라 일제의 협박으로 강제로 체결된 조약이므로 무효라는 것을 세계만방에 알리고 조선 독립에 관한 열국의 지원을 요청하라."

여기서 잠시 멈춰 상상해보기 바랍니다. 나라가 풍전등화의 위기에 놓인 상황에서 임금이 비밀리에 나를 불러 나라의 운명을 부탁하는 상황. 그리고 이 명령을 수행하는 순간 나와 내 가족의 운명이 어떻게 될지 뻔한 상황. 만감이 교차하는 가운데 담담하게 결의에 찬 표정으로 임무를 수행하기 위해 떠나는 발걸음. 그 눈빛과 표정을 상상해보시기 바랍니다.

이준은 1907년 4월 22일 서울역을 출발하여 부산항을 거쳐 러시아 블라디보스토크로 갔습니다. 그곳에서 이상설을 만나서 함께 시베리아 열차를 타고 러시아 페테르부르크에 도착했습니다. 그곳에서 이위종을 만나서 '장서'와 '일인불법행위' 책자를 프랑스어로 번역하여 6월 28일 만국평화회의에 참석한 40여 개 참가국 위원들에게 보냈습니다. 그리고 러시아 대표였던 평화회의 의장 넬리도프 백작을 찾아갔으나 네덜란드 정부의 소개가 없다며 문전박대를 당했습니다. 헤이그 특사 3인은 평화회의 부회장이자 네덜란드 수석대표인 드 보포르를 방문했으나 역시 거절당하고, 네덜란드 외무대신 테츠에게 면회를 요청했으나 평화회의에서 발언하는 것은 어렵다는 통지를 받았습니다. 당시 1907년 6월 15일부터 한 달 동안 개최된 만국평화회의에 참가한 나라는 46개국이었고, 위원들만 247명에 달했습니다.

이준과 특사 요원들은 포기하지 않았습니다. 넬리도프 의장에게 고종의 친서와 신임장을 보여주며 한국 대표로서 공식적인 활동을 하려 했으나 일본과 영국 대표의 노골적인 반대로 이루어지지 못했습니다. 그러자 특사들은 회의장 앞에 있는 각국 언론인들을 상대로 즉흥 연설을 하기 시작했습니다. 특사들은 연설을 준비할 필요도 없었습니다. 이미 그들의 입에서 나오는 말과 눈빛은 그 어떤 준비된 글보다 분명하고 정확한 의미가 담겨 있었으니까요.

이준은 을사늑약의 부당함을 설명했고, 『평화회의보』에 '장서' 전문을 실었습니다. 이러한 노력이 드디어 성과를 보게 됩니다. 7월 9일 협회에 귀빈으로 초대되어 연설할 기회를 얻은 것입니다. 특사 3인방 중 프랑스어에 가장 능한 이위종이 나서서 프랑스어로 연설했습니다. 이위종의 열정적인 호소에 이날 참석한 각국의 언론인들과 대표들은 큰 감명을 받고 찬사를 보냈지만 일제와 비밀협약을 맺은 국가 대표들의 반대로 한국의 독립청원은 끝내 받아들여지지 않았습니다. 이에 분함을 금치 못한 이준은 나라의 운명을 짊어지고 온 막중한 임무가 실패했다는 생각에 조국 쪽을 향해 절을 한 뒤 그곳에서 자결했습니다.

이준의 유해는 순국한 지 55년 만인 1963년 10월 4일에야 조국의 품으로 돌아왔습니다. 온 국민의 애도 속에 국민장을 치른 후 서울 수유리 선열묘역에 안장되었습니다.

1994년 8월의 독립운동가

양세봉 梁世奉

1896. 6. 5 ~ 1934. 8. 12

영릉가 전투의 영웅,
조선혁명군 사령관

"친애하는 동지들, 이번 전투는 동포 동지들의 생사를 담판하는 결전입니다. 나를 따라 생명을 각오하는 동지들은 손을 들어주십시오.
(……) 조국광복군과 동만 100만 동포들의 생명을 두 어깨에 짊어진 우리는 일당백의 용감한 정신과 아울러 이번 전투에 승리의 믿음을 선포합니다."
－1932년 양세봉의 연설문 중에서

1896년 출생
1919년 3·1운동을 계기로 독립운동에 투신
1922년 천마산대라는 유격부대 가입
1932년 조선혁명군 총사령관, 한중연합군 편성, 융링제 전투 승리
1934년 8월 12일 밀정 박창해가 매수한 중국인 자객에게 살해당함

양세봉은 집안이 매우 어려워서 남의 집에서 끼니를 얻어먹으며 살았습니다. 이 시기에 일본의 침략행위가 선량한 주민들까지 괴롭히고 온갖 더러운 행동을 자행하는 것을 보며 어쩌면 일찍이 그의 가슴속에는 피 끓는 항일의식이 싹텄는지도 모르겠습니다.

1909년 10월 안중근 의사가 이토 히로부미를 하얼빈 역에서 처단했을때 양세봉은 안중근 의사의 기개에 존경심과 감탄을 금치 못했다는 기록이 있습니다. 1919년 3·1운동이 일어났을 때 양세봉은 마을 주민들과 함께 만세시위를 주도했습니다.

기록에 따르면 1920년대 양세봉은 유격부대인 천마산대에 가입하여 무장활동을 전개했다고 합니다. 비폭력운동에서 본격적인 무장투쟁으로 바뀌었다는 점에서 그의 인식 변화를 알 수 있습니다. 천마산대는 1920년 12월 청장년 500여 명을 거느린 무장독립군입니다. 재래식 무기인 화승총 및 일본군에게 빼앗은 무기로 무장하고 주재소, 경찰서, 면사무소를 습격하거나 일제의 밀정과 경찰을 처단하는 등 맹활약을 펼쳤습니다.

이러한 젊은 시절의 경험을 통해 훗날 양세봉은 참의부 소속의 소대장으로 임명되었습니다. 조선총독 사이토 마코토가 국경 지역인 압록강을 순시한다는 정보를 입수한 그는 일제의 경비가 미치지 못한 만주 쪽 강변 절벽에 정예병을 배치하고 사이토가 압록강 경비선을 타고 지나갈 때 저격을 지휘했습니다. 경비선이 다가오자 사격을 시작했으나, 의외로 사거리가 너무 멀어 실패합니다. 경비선은 빗발치는 탄환을 피해 전속력으로 도주했죠. 결국 조선총독 처단 계획은 미수로 그쳤지만, 한국 독립군의 정보력과 실행력으로 일본의 간담을 서늘하게 했던 사건입니다. 특히 3·1운동 후 문화통치라는 미명으로 한국 통치에 대해 거짓 자랑만 하고 있던 사이토에게 섬뜩한 경고가 되었음은 물론 대내외에 한국 독립군의 활동을 더욱 촉진하는 계기가 되었습니다. 이후 양세봉은 일제 경찰대와 수시로 교전을 벌였으며 항일 무장활동, 부일배附日輩 숙청 등을 전개했습니다.

양세봉은 당시 민족유일당 조직 동맹을 '조선혁명당'으로 개편하고, 그 직속 부대인 조선혁명군을 조직하여 참의부와 신민부에 있던 일부 병력을 흡수하여 군대를 통합했습니다. 그는 부사령관이라는 중책을 맡아 일제 기관 습격 및 밀정 처단 등의 무장활동을 벌였습니다. 그러나 그의 더 큰 업적은 한중 연합작전을 펼쳐 한국인에 대한 인식을 개선하는 데 기여했다는 점입니다. 한중 연합작전이 시작되고 조선혁명군은 일본군과 약 200차례의 크고 작은 전투를 치렀습니다. 영릉가 전투, 흥경성 전투, 노구대 전투, 쾌대모자 전투에서 연전연승을 거두며 일본군을 괴멸시켰습니다.

일본은 양세봉에게 패한 수치를 갚기 위해 폭격기를 동원하여 공격했습니다. 양세봉은 중국 의용군 부대 1만 명과 연합하여 동쪽과 북쪽을 동시에 공격하는 전략으로 다시 한 번 일본군에게 승리했습니다. 마침내 흥경성에 태극기와 청천백일기(당시 중국 국기)가 나란히 바람에 펄럭이게 된 것입니다.

이후에도 크고 작은 전투를 치렀으나 공군력이 없어 점점 열세를 면하기 어려웠습니다. 수적으로도 부족한데 육군만으로 일본의 육군과 공군 부대를 이기려면 얼마나 힘들었겠습니까. 결국 그의 부대는 후퇴를 할 수밖에 없었는데, 당시 중국 연합군 사령관은 다음과 같은 글을 썼습니다.

민국民國 21년 2월 8일 한 · 중 민중으로서 총이 있는 사람이면 총, 총이 없는 사람은 호미, 낫, 괭이, 심지어는 단도까지 들고 나와서 동지들을 모았다. 이 같은 호소에 호응하여 적을 격멸하겠다며 지원한 자가 한국 사람 800명, 그리고 중국 측에서는 전前 자위단自衛團 용사 500명을 빼고도 2500명이나 되었다. 곧 맹세해서 의거를 일으켰다. 아 슬프다! 산하는 그대로 있건만 인사는 기대에 어긋났다. 양세봉, 양하산 두 장군이 패배하고 말았다.

이 무렵 일제의 밀정 박창해가 혁명군을 후원하던 중국인 왕밍판王明藩을 매수하여 환런현桓仁縣에 머물고 있던 양세봉 장군을 찾아가게 했습니다. 왕밍판은 중국 항일군과의 연합을 논의하자는 구실로 장군을 골짜기로 유인했습니다.

예측했겠지만 1934년 8월 12일(음력) 장군은 부관과 함께 길을 나섰고 가던 도중 돌연 좌우 수수밭에서 수십 명의 괴한이 뛰쳐나와 일행을 포위했습니다. 그 순간 중국인 왕밍판은 장군의 가슴에 총을 겨누고 "나는 지난날의 왕씨가 아니다. 이 탄환을 받지 않으려거든 일본군에게 항복하라"고 고함을 쳤습니다. 기록에 따르면 장군은 두 눈을 크게 부릅뜨고 위엄 있게 꾸짖었으나 끝내 밀정 박창해와 중국인 왕씨 등의 총격을 받아 현장에서 죽음을 맞았다고 합니다.

그의 죽음만으로도 피가 끓는데 더 분한 것은 장군이 순국하고 동지들이 장례를 치렀는데, 일본 경찰들이 이를 알아채고 묘를 파헤쳐 시신을 꺼내 목을 잘라 가져가는 만행을 저질렀다는 사실입니다. 도저히 말로 표현할 수 없는 인륜도 도덕도 없는 야만적인 행동에 너무나 화가 납니다. 이 피 끓는 마음을 어떻게 전해야 할까요. 항일 무장투쟁사에서 일찍이 명성을 떨쳤던 김좌진, 홍범도 장군 등과 함께 실력과 명망을 가진 양세봉 장군의 위국헌신과 멸사봉공 정신은 오늘을 살아가는 우리뿐만 아니라 후손들에게도 영원히 기억될 것입니다.

1994년 11월의 독립운동가

김학규 金學奎

1900. 11. 24 ~ 1967. 9. 20

일본군과 200여 차례 교전한 광복군 최전방 장군

"독립전쟁을 개시하여
설욕구국雪辱救國의 시기가 도래하였다."

1900년 출생
1919년 서로군정서 졸업, 조선의용대 소대장
1929년 조선혁명군 참모장으로 만주에서 무장항일전 전개
1935년 독립운동 단체의 통합을 위해 진력
1943년 미국의 첩보기관 OSS와 연합하여 국내 진공작전 추진
1967년 서거

신흥무관학교를 졸업한 김학규는 조선의용대 소대장으로 활동하다 조선혁명군 총사령관 양세봉 장군의 참모장이 되었습니다. 1931년 9월 18일 만주사변을 일으킨 일제는 관동군을 출병시켜 창춘, 지린, 하얼빈, 카이위안開原, 쓰핑四平 등을 차례로 점령합니다. 당시 불의의 공격을 받은 장쉐량張學良의 군대는 일본군과 제대로 싸워보지도 못한 채 30만 군대가 뿔뿔이 흩어지는 상황이 발생했습니다. 이에 항일의식이 고조되고 있던 중국 민중은 분개했습니다.

당시 중국에서도 항일운동에 앞장선 독립운동가들이 있었습니다. 마잔산馬占山, 왕더린王德林, 쑤빙원蘇炳文, 탕취우唐聚五가 대표적인 인물입니다. 이중에서 탕취우가 이끄는 민중자위군과 당시 조선혁명군 참모장이었던 김학규는 서로 만나 앞으로 양측이 긴밀한 군사관계를 유지하며 항일 무장투쟁을 전개하기로 결의했습니다. 그해 10월 중순부터 한중연합군은 일본군과 200여 차례나 교전을 벌였으며 영릉가永陵街 전투 등에서 큰 전과를 올렸습니다. 이를 계기로 조선혁명군의 이름이 만주 전 지역에 널리 알려지게 되었습니다.

1932년 11월, 일본의 공세에 밀리자 탕취우의 부대는 중국 관내로 종적을 감추면서 조선혁명군만 남아 대일항전을 계속 벌여야 했습니다. 하지만 오랫동안 전투를 치르며 수많은 간부를 잃었고 일본군의 공세로 날이 갈수록 독립군의 형세가 불리해졌습니다. 게다가 인력과 물자마저 부족해지자 조선혁명군도 더 이상 견디기 어려운 상황에 처했습니다.

당시 난징에 있던 김구 선생이 한국 독립군 무관을 양성하는 훈련반을 설립하고 의열단장 김원봉이 조선혁명군 간부학교를 설립했다는 소식이 들려왔습니다. 조선혁명당 간부들은 난국을 타개하기 위해 조선혁명군 간부를 보충하기로 결정하고 김학규를 난징으로 파견했습니다.

1934년 5월 김학규는 부인이자 독립운동가인 오광심과 함께 농부로 변장하여 난징에 도착했습니다. 김규식, 유동열, 김원봉 등 여러 독립운동 단체의 지도급 인사들이 그들 부부를 초대하여 성대한 환영회를 베풀어주었습니다. 이 자리에서 김학규는 만주에서 진행되고 있는 조선혁명군의 대일작전 상황을 보고하고 조선혁명군에 대한 인력과 물자 보급의 필요성과 상황의 촉박함을 설명했습니다. 모두들 만주 동포들의 고투에 대해 경의를 표하고 중국 측 인사들도 많은 동정을 표했다고 합니다.

한편 각 단체의 대표들은 대동단결을 위한 통합을 전제로 '한국대일전선통일동맹'이란 조직을 결성하기 위해 회의를 개최했습니다. 조선혁명당 대표인 최동오와 유동열도 이 회의에 참석했습니다. 김학규는 우선 독립운동 단체들을 통합하는 것이 선결과제라고 판단하고 난징의 통일회의 사항에 대해 조선혁명당 본부에 제출할 보고서를 작성했습니다. 그리고 이 내용을 부인에게 암송하게 해서 조선혁명당 본부에 보고하게 했습니다. 문서 대신 암송을 택한 것은 혹시라도 일제 측에 발각되지 않기 위한 조치였습니다. 본부에서는 김학규의 제안에 전적으로 동의하여 그를 조선혁명당 대표로 임명한 뒤 난징 통일회의에 파견했습니다. 이에 따라 김학규는 1935년 봄부터 난징 통일회의에 정식으로 참가하게 됩니다.

난징 통일회의에 참가한 각 단체의 대표들은 새로운 당의 이름과 방향, 정책 등을 결정하고, 다음 날 민족혁명당 결당식을 가졌습니다. 이때 김학규, 김원봉, 김두봉, 최동오, 신익희, 윤기섭, 윤세주, 조소앙, 진의노, 지청천 등이 중앙집행위원 간부로 선임되었으며, 김학규는 만주 지역 지부장으로도 임명되었습니다.

그 후 김학규는 광복진선光復陣線, 광복군 등의 설립에 큰 기여를 했고, 광복군 제3지대장이 되어 최전선인 푸양阜陽으로 가서 미국 OSS와 함께 국내 진공작전을 추진했습니다. 그곳에서 조국 광복을 맞이할 때까지 5년 동안 대일선전 및 초모공작, 정보 수집 등 지하공작활동을 지휘했습니다. 선전공작은 적의 후방에 있는 믿을 만한 인사에게 지하공작원을 밀파하여 암호 또는 낙서 등으로 서로 의사를 통하도록 하고, 팸플릿을 우편물과 함께 보내거나 구두로 아군의 사정을 알려주는 활동이었습니다. 정보공작은 대중을 통해 경제, 정치 등의 정보를 수집하고 적군 내에 복무하는 군속을 통해 군사정보를 수집하는 일이었습니다.

한편 상당수의 한인 청년들이 광복군의 활약에 관한 소식을 듣고 일본군의 경계망을 뚫고 광복군 진영으로 넘어왔습니다. 지원병이라는 이름으로 강제로 일본 군대에 끌려간 한국인들이 중국 전선에서 광복군 소식을 듣고서는 목숨을 걸고 탈출한 것이었습니다. 김학규는 1943년 중국 중앙훈련단 내에 한국광복군 훈련반을 만들어 한국의 젊은이들에게 정신교육과 기술무장을 실시했습니다. 1기생 50여 명을 성공적으로 훈련시켜 충칭 임시정부 직원으로 채용했으며, 그중 일부는 시안 지역에서 광복군 제2지대장 이범석 장군이 지휘하는 훈련반에서 미국식 훈련을 받게 했습니다.

그렇게 국내 진공작전을 도모하던 중 일제의 항복 소식이 전해졌습니다. 비록 한국광복군이 자력으로 독립을 쟁취할 기회는 갖지 못했지만, 광복군은 여러 활동을 통해 국민의 생명과 재산을 보호하고 해외 동포들을 귀국시키는 데 많은 역할을 했습니다. 김학규 역시 광복군 총사령부에서 동포들의 생명과 재산을 보호했으며 3만여 명의 동포를 안전하게 귀국시키는 데 힘썼습니다.

1946년 9월에는 한국독립당의 만주특별당 부위원장에 취임하여 1만 2천 명의 동포를 미군 비행기로 수송하여 톈진에서 귀국시켰고, 그도 1948년 4월에 조국 땅을 밟았습니다. 하지만 이승만 정권에 항거하다가 1949년 징역 15년형을 선고받고 복역했습니다. 1960년에 한국독립당을 재건하여 최고대표위원이 되었으며, 1967년 9월에 서거하셨습니다.

1995년 1월의 독립운동가

김지섭 金祉燮

1884. 7. 21 ~ 1928. 2. 20

일본 왕궁에 폭탄을 던진 전설의 의열단원

"이번 내가 취한 행동은 침략정치에 도취되고 있는
왜국 관민을 각성시키고 그의 반성을 촉구하기 위함이었다.
한국 사람은 한국의 독립을 위하여 독립선언서에서도
명시한 바와 같이 최후의 일인 최후의 일각까지 항쟁할 것이다."

1884년 출생

1919년 3·1만세시위 직후 대구에서 독립운동 시작

1920년 만주 망명 후 의열단 가입

1927년 1월 5일 의열단의 이름으로 일제 왕궁에 폭탄 투척

1928년 옥중에서 순국

김지섭은 경상북도 안동에서 태어나 어려서부터 사서삼경에 능통한 수재였습니다. 일본어를 한 달 만에 익혀 상주보통학교 교사가 되었고, 독학으로 금산지방법원의 서기 겸 통역으로 일했습니다. 3·1만세시위가 일어나자 법률사무소를 그만두고 모든 것을 뿌리친 채 오로지 독립운동에 전념하기로 결심했습니다. 처음에는 대구에서 독립운동을 벌일 계획이었으나 국내에서는 활동하기가 어렵다는 것을 알고, 1920년 5월 단신으로 국경을 넘어 만주로 갔습니다. 국외에서 동지들을 규합하여 독립투쟁을 조직적으로 전개하기 위함이었습니다.

그 후 만주와 시베리아 등 각지를 다니면서 독립운동의 길을 모색하던 중 상하이에서 의열단에 가입하게 됩니다. 그리고 의열단장 김원봉과 함께 더 적극적인 방법으로 독립운동을 추진하기로 계획합니다.

1923년 9월 일본에서 관동 대지진이 발생합니다. 이 때문에 민심이 흉흉하자 일제는 정부에 대한 불만을 해소하고 민심을 수습하기 위해 한국인들이 폭동을 일으켰다는 유언비어를 퍼뜨린 후 무고한 우리 동포 6600여 명을 학살하는 만행을 저질렀습니다.

이 같은 비참한 소식이 전해지자 항일활동을 전개하던 독립운동가들뿐만 아니라 온 국민이 분개했습니다. 이런 민족적 분노가 커지는 상황에서 1924년 도쿄에서 일제 총리를 비롯한 여러 대신들과 함께 조선총독이 한자리에 모인다는 소식이 신문에 보도되었습니다. 이에 의열단원들은 일제의 주구를 처단하고 일제의 만행을 만천하에 알림으로써 관동 대지진으로 학살당한 우리 동포들의 원혼을 달랠 수 있는 절호의 기회라고 판단했습니다.

이때 김지섭은 의열단장 김원봉에게 일본말에 능숙하고 일본인과 비슷하게 생긴 자신이 적임자라며 자원하고 나섰습니다. 이에 의열단에서는 그를 결사대원으로 임명하고 필요한 자금을 지원했습니다. 당시 김지섭은 3년 전에 최윤동으로부터 받은 폭탄 3개를 가지고 있었습니다. 하지만 폭탄을 소지한 채 일본에 잠입하는 것은 쉽지 않을 뿐만 아니라 도쿄 국회의사당에 들어가는 것은 더욱 어려운 일이 아닐 수 없었습니다.

김지섭은 일본인들이 숭배하는 왕궁을 폭파하는 것이 일본인들을 놀라게 함은 물론 일제의 침략상과 조선의 독립의지를 세계만방에 호소하는 지름길이라고 생각했습니다. 왕궁에 폭탄을 던져 성공한다면 제국 의사당을 파괴하는 것보다 더 큰 효과를 거둘 것이라고 판단했습니다.

1927년 1월 5일 도쿄에 도착한 김지섭은 오전 11시경 여관을 나와 도쿄 지도를 구입하고 의거 현장으로 갔습니다. 히비야日比谷, 니주바시二重橋, 사쿠라다몬櫻田門 부근을 세밀히 답사하고서는 왕궁과 가장 가까운 다리가 사쿠라다몬이라는 것을 확인했습니다.

그날 오후 7시에 김지섭은 때마침 지나가던 구경꾼 2명과 동행인 것처럼 가장하여 사쿠라다몬에 접근했습니다. 그는 부근을 배회하면서 기회가 오기를 기다렸습니다. 그때 순찰 경관이 다가와서 날이 어두워졌으니 속히 돌아가라고 했습니다. 그러자 동행하던 두 사람은 즉시 그 자리를 떠났지만 김지섭이 머뭇거리며 서성거리자 사쿠라다몬 입구를 경계하고 있던 히비야 경찰서 순사가 그를 수상쩍게 여기고 붙잡으려고 했습니다. 이때 김지섭은 재빨리 폭탄 하나를 던졌습니다.

그러나 불행히도 폭탄은 폭발하지 않았고, 그는 쏜살같이 경관을 밀치고 도망쳤습니다. 그렇게 다리 중앙까지 돌진했을 때 성문을 지키고 있던 근위병들이 달려오는 것을 보고서는 나머지 폭탄 2개를 사쿠라다몬 한복판에 던졌습니다. 이번에도 약한 폭발음만 내고 불발되고 말았습니다. 그가 던진 폭탄은 상하이에서 배를 타고 올 때 오랫동안 창고에 있었는데 그때 습기가 밴 탓에 기능이 작동하지 않았던 것입니다. 그러는 사이 서너 명의 근위병들이 달려와서 그를 체포했습니다. 결국 그는 뜻을 이루지 못하고 히비야 경찰서에 구금되었습니다.

비록 거사는 실패했지만 이 사건은 일본인들에게 큰 충격을 주었습니다. 고위 검사와 경찰 간부들이 전부 히비야 경찰서로 모여들었고, 경찰과 헌병 차들이 도쿄 시내를 누비며 삼엄한 경비를 했습니다. 김지섭은 8개월 동안 악독한 고문에 시달려야 했습니다.

유학생 학우회, 기독교 청년회, 천도교 청년회 등에서 김지섭을 위해 사식私食을 차입하는 등 따뜻하게 보살펴주었습니다. 김지섭은 그런 동포들의 온정에 대해 감격하면서도 한편으로는 미안한 마음을 금치 못했다고 합니다.

1924년 9월 9일 도쿄지방재판소에서 1차 공판이 열렸을 때 김지섭은 갖은 고문으로 심신이 피폐해진 상태였지만 판사 앞에서 당당하게 독립의지를 피력했습니다. 그해 10월 11일에 열린 2차 공판에서 그는 장문의 진술서를 펼쳐 들고 "우리 조선에 대한 일본 정부의 학정을 논박하고"라며 일제의 침략과 식민통치를 통박했으며 "이번 내가 취한 행동은 침략정치에 도취되고 있는 왜국 관민을 각성시키고 그의 반성을 촉구하기 위함이었다"라고 당당하게 소신을 밝혔습니다. 또한 "속지 말고 일치 협력하여 세계평화를 유지하려는 큰 이상에서 이 일을 감행했다"라고 비통한 어조로 주장했습니다.

이날 재판정은 경계가 삼엄한 가운데도 방청석이 발 디딜 틈 없이 초만원을 이루었습니다. 김지섭은 총독 정치의 악랄함과 비인간성을 폭로하고 동양척식주식회사의 착취와 동포들의 비참한 생활을 들어 일제의 학정을 통박한 다음 "조선 사람은 조선의 독립을 위하여 독립선언서에서도 명시한 바와 같이 최후의 일인 최후의 일각까지 항쟁할 것이다"라며 무려 1시간 20분이나 열변을 토했습니다. 끝으로 그는 무죄 석방이 아니면 차라리 사형선고를 내려달라고 했습니다. 검사는 왕궁 침입은 국가에 대한 반역이라며 사형을 구형했습니다. 이 자리에서 일본인 인권변호사 후세 다쓰지가 일제의 학정을 고발하며 폭탄 불발 등을 근거로 무죄를 주장한 것은 유명한 일화입니다.

그해 10월 16일에 열린 3차 공판에서 재판장이 김지섭에게 진술을 허락하자 그는 분연히 일어나 "우리 조선인은 굶어 죽고 맞아 죽고 하는 가운데 나 홀로 적국에 들어와 사형을 선고받는 것은 진실로 넘치는 영광이다"라고 말했습니다. 11월 6일 김지섭은 무기징역을 선고받았습니다.

사쿠라다이몬 폭탄 투척의 실패와 일제의 처사에 분개한 김지섭은 옥중에서 단식투쟁을 벌였으며, 1927년 20년 징역으로 감형되었으나 1928년 2월 20일에 갑자기 옥사하셨습니다. 그의 죽음에 의문을 품은 변호사 후세 다쓰지가 사인 규명을 강력히 요구했음에도 불구하고 일제는 서둘러 그의 시신을 화장해버렸습니다.

1995년 3월의 독립운동가

이종일 李鍾一

1858. 11. 6 ~ 1925. 8. 31

3·1독립선언문을
인쇄하고 낭독한 민족대표

"오늘에 이르러 봉건의식을 벗어나 '신촌정신'을
특별히 강조하는 뜻은 먼저 '정신을 개조'하고
그다음에 물질의 풍요가 뒤따라야 되기 때문이다."
– 선생의 비망록 중에서

1858년 출생
1898년 중추원 의관 사직, 흥화학교 설립
1900년 제국신문 사장 및 기자
1905년 보성학교 교장 취임
1919년 3·1독립선언문 5000부 인쇄, 배부
1925년 순국

이종일은 어려서부터 머리가 영특하여 신동으로 불렸다고 합니다. 향리에서 한문을 배우며 사서삼경을 공부한 그는 16세에 서울로 올라와 문과에 급제했습니다.

1882년 박영효 수신사의 사절단으로 일본에 건너간 그는 서양의 문명을 받아들여 엄청난 속도로 발전하고 있는 일본의 개화된 모습을 보고 큰 감명을 받았습니다. 이때부터 그는 유교사상만 고집하던 태도에서 벗어나 실학과 개화에 관심을 가지게 되었고, 『독립신문』에 개화의식에 관한 논설을 기고하기도 했습니다.

1898년 3월, 이종일은 개화사상을 알리는 '대한제국민력회'를 조직하여 1대 회장으로 추대되었습니다. 재미있는 사실은, 오늘날로 따지면 고시를 패스해서 고위 공무원이 된 사람이 중추관 의관이라는 자리와 정 반대되는 활동을 하고 있었다는 점입니다. 서구 문명을 받아들이자는 신념은 봉건제 타파를 통해 모두가 평등한 세상을 만들자는 신념이나 마찬가지였으니까요. 이런 혁신적인 태도를 지닌 그가 나중에 3·1독립선언문을 낭독하게 된 것은 자연스러운 귀결이라고 생각합니다.

서구 열강들의 야욕과 침략의 위협으로 인해 나라가 위기에 처하자 이종일은 나라를 구하는 것이 먼저라고 판단하고 10개월 만에 중추원 의관직을 그만두었습니다. 의관직을 그만두자마자 홍화학교를 설립했으며, 보성학교 교장에 취임하며 젊은이들의 교육에 집중했습니다. 또한 30세 전후의 청년들을 모아 '애국단'을 조직하고 신문사업을 통해 실학운동을 전개했습니다.

이종일이 추진한 신문사업은 매우 중요합니다. 순 한글로 된 『제국신문』을 창간했는데 이는 여성도 읽을 수 있는 애국계몽지였기 때문입니다. 비롯한 시기에 창간된 『황성신문』은 한자로 쓰여 있었습니다. 하지만 『제국신문』은 일반 대중을 대상으로 한 신문으로 부녀자 계층도 쉽게 접근할 수 있었다는 점에서 그의 철학을 가늠해볼 수 있습니다.

이종일은 1910년까지 『제국신문』의 사장 겸 기자로 활동했고, 『황성신문』, 『만세보』, 『대한민보』 등에도 적극 참여하여 개화와 나라를 되찾는 운동에 앞장섰습니다.

1919년 1월, 고종이 갑작스럽게 죽었습니다. 이 소식은 국민들의 울분을 폭발시켰고 더욱이 일본인의 사주로 독살당했다는 소문이 퍼지면서 반일감정은 민족정서가 되었습니다. 그리고 도쿄에서 2·8독립선언 소식이 들려왔습니다. 나라를 사랑하던 모든 사람들의 가슴속에 불꽃이 일어났습니다. 이러한 분위기에 고무된 국내의 항일운동단체, 종교 단체, 유림, 학생들, 전 국민이 하나가 되어 만세시위를 준비하게 됩니다.

이종일은 독립선언일을 2월 28일로 주장하고 독립선언서의 인쇄를 맡겠다고 자원하여 25일까지 1차로 2만 5천 장, 2차로 1만 장을 인쇄했습니다. 그의 신문사 운영 경험이 나라를 위해 쓰이는 역사적인 순간이었죠. 그는 독립선언서를 각계의 동지 8명에게 2천 장 또는

3천 장씩 나누어주었습니다. 그의 손녀 이장옥 선생의 기록에 따르면 이렇습니다.

"할아버지의 지시에 따라 선언서를 배포해주었는데 증표를 제시해야 선언서를 내주었어요."

1차로 인쇄된 2만 5천 장은 모두 배포되었고, 추가 인쇄한 1만 장을 전국 주요 도시에 배포할 계획이었습니다. 드디어 2월 28일, 민족대표 33인은 태화관에 모여 선언서에 실명으로 서명했습니다. 이종일은 이 자리에서 조선총독부로 전화를 걸어 큰 목소리로 위엄 있고 절도 있게 독립선언문을 낭독했습니다. 민족대표 33인이 이 역사적인 순간을 지켜보는 동안 숨소리 하나 들리지 않았습니다.

20분 후 일본 경찰 15명과 자동차 5대가 태화관을 포위했습니다. 이때 한용운은 다음과 같이 외쳤습니다.

"오늘 우리의 모임은 곧 독립만세를 고창하여 독립을 쟁취하자는 취지입니다. 이것은 우리가 앞장서고 민중이 뒤따라야 하는 것입니다. 우리는 신명을 바쳐 자주독립국이 될 것을 기약하고자 여기 모인 것이니 정정당당히 최후의 일각 최후의 일인까지 독립쟁취를 위해 싸웁시다."

한용운의 말이 끝나자마자 33인은 마치 미리 짠 것처럼 '대한독립만세'를 삼창했습니다. 민족대표들은 체포하려는 일본 경찰을 향해 독립선언서를 던지며 '대한독립만세'를 계속 외쳤습니다.

아마도 이 대목에서 왜 일본 경찰에 전화를 해서 스스로 체포되었는지 의아하게 여길 수 있습니다. 하지만 잘 생각해보세요. 1919년 3·1운동이 일어난 이후부터 일제는 독립운동가와 우리 국민들에게 엄청난 탄압과 고문을 자행하고 강제 징집하고, 위안부를 운영하며, 우리말의 사용을 공식적으로 금지합니다. 1919년 이전에는 그런 분위기가 아니었어요. 어느 정도 대화가 통하는, 아니 통한다고 믿었던 그런 시기였죠. 폭력적인 의열투쟁, 우리도 힘으로 나라를 되찾아야 한다는 것은 당시 3·1만세시위의 한계를 경험하고 나서 가지게 된 생각입니다. 1919년 말에 생긴 가장 유명한 무력투쟁 단체가 의열단이라는 점을 생각해보면 이해가 되실 겁니다.

당시 민족대표들의 노력과 3·1만세시위운동의 흔적을 상세하게 담은 기록이 있습니다. 박은식이 쓴 『한국독립운동지혈사』입니다. 그 책에 보면, 3월 1일부터 5월 말까지 약 3개월 동안 사망자 7509명, 부상자 1만 5961명, 체포 4만 6948명, 민가 715곳이 불타고 학교 2곳이 폐허가 되었으며 집회 횟수 1542회, 참여 인원 205만 명이라고 기록되어 있습니다.

한 번 상상해볼까요. 당시는 인터넷도 없고 핸드폰도 없던 시절입니다. 국민 모두가 하나가 되지 않은 이상 이런 숫자가 대체 어떻게 나올 수 있단 말입니까? 우리는 이런 민족입니다. 나라가 위기에 처하고 우리의 지도자가 억울하게 죽었다는 소식에 국민 모두가 하나가 되어 전 세계 역사를 통틀어 가장 치열하고 거국적인, 그래서 더 아름답고 위대한 운동을 벌인 것입니다. 우리는 이렇게 자랑스러운 민족입니다.

1995년 4월의 독립운동가

민필호 閔弼鎬

1898. 2. 27 ~ 1963. 4. 14

임시정부를 지키고 크고 작은 난관들을 해결하다

"우리 대한민국의 유일한 생존의 길은
우리나라가 왜 이국의 병탄倂呑을 당하게 되었는가 하는
역사적 원인을 똑똑히 깨달아야 하고, 주의사상主義思想이나
집권야욕執權野慾만 운운하는 소아小我를 버리고
대아大我를 앞세워 나라와 민족이 사는 것이다."

1898년 출생
1919년 대한민국 임시정부 신규식 선생 비서
1923년 대한민국 임시정부 이시영 선생 비서
1924년 대한민국 임시정부 김구 선생 판공실장 역임
1956년 귀국

민필호는 우리 교과서에 나오지 않는 독립운동가 중 한 명입니다. 그는 전통 있는 선비 가문에서 태어나 큰 풍파 없이 자랐습니다. 11세에 서울에 올라와 큰형이 경영하는 경신소학교에 입학하고, 반년 후 우등으로 졸업하여 휘문의숙에 들어갔는데 이때 경술국치가 일어납니다. 그러자 그는 졸업을 몇 달 앞두고 "일본의 연호가 적힌 졸업장을 받는 것이 수치스럽다"며 상하이로 떠났습니다.

상하이에 도착한 민필호는 신규식이 창설한 박달학원에 들어가서 중국어, 영어, 역사를 공부했습니다. 이 학원의 교수진은 박은식, 신채호, 조소앙이었습니다. 이 같은 굵직굵직한 위인들에게 교육을 받았다는 점이 마치 현대 최고 지성인들에게 과외를 받은 것과 같다는 생각이 들어 묘한 웃음을 짓게 됩니다.

1918년 1월 우드로 윌슨 미국 대통령이 민족자결주의를 선언한 것을 계기로 민필호는 신규식이 작성한 밀서를 동지들에게 전달하는 연락 임무를 맡았습니다. 신규식의 비서가 되어 임시정부의 외교 업무를 보좌했고, 일본인들의 비인간적인 만행을 폭로하고 동포들의 항일 애국 정신과 업적을 국내뿐만 아니라 만주와 미주 등에도 알리는 일을 담당했습니다.

그의 업적은 이처럼 임시정부로 시작해서 임시정부로 끝납니다. 이곳에서 생긴 크고 작은 업무를 도맡았고 부관 및 수행비서로서의 오랜 경력을 통해 시야를 넓히며, 임시정부의 중심인물이 되어갔습니다. 당시 중국 정부와 대한민국 임시정부는 상호 승인했고, 민필호는 경기도 의원에 당선되었습니다. 그 후 임시정부에서 그가 맡은 주된 일은 재정 업무였는데, 이와 관련한 유명한 일화가 있습니다.

1923년부터 1936년까지 민필호는 임시정부 재무총장 이시영의 비서로서 자금 조달 같은 어려운 일을 맡았습니다. 한번은 임시정부가 임대료를 6개월 이상 지불하지 못해 집주인으로부터 고소를 당했습니다. 이때 그는 임시정부 대표로 법정에 출두하여 월급 전액을 담보로 걸고 문제를 해결했습니다. 당시 임시정부의 재정 상태가 얼마나 심각했는지 짐작할 수 있는 사건입니다.

윤봉길 의사의 상하이 훙커우 공원 의거 이후 민필호는 임시정부 요인들의 신변 안전과 활동을 지원했고, 김구 선생을 보필했습니다. 당시 임시정부는 매달 6만 원의 경비로 임시정부 직원과 가족 등 300여 명의 생활을 유지해야 했기에 그의 임무는 막중했습니다. 당시 그는 판공실장, 임시정부 외무부차장, 의정원 의원을 겸임하며 경제·외교 분야의 중책까지 도맡아서 1945년 10월까지 헌신적으로 활동했습니다.

일제가 패망한 후에도 마지막까지 임시정부 요인들의 안전한 귀국과 한인 교포들의 보호를 도맡았던 민필호. 광복 후 초대 대만 총영사로 근무했으며, 1963년 4월 14일 서울 성북구 돈암동 자택에서 서거하셨습니다.

1996년 1월의 독립운동가

송종익 宋鍾翊

1887. 2. 27 ~ 1956. 1. 7

도산 안창호 선생과 함께 흥사단을 설립하다

우둑서 바람에 날리고 장하다 네 빛 네 정신아
기러기 펄펄 일어나고 둥그럼 훨훨 지어온바
우러러 네게 경례하며 갖추어 내가 노래하며
높고 깊은 근심 걱정이 한없이 절로 위로되네
백두산 바라는 남녀야 황홍백남 자랑하오
기초준비 튼튼히 기해 한 길로 나아가세
- 흥사단에 대한 선생의 시

1906년 공립협회 가입
1913년 흥사단 경상도 대표
1936년 북미 대한인국민회 총회관 건축위원
1941년 대한인국민회 부의장, 로스앤젤레스 대표
1944년 주미외무위원회 위원

송종익은 미국에서 활동한 독립운동가입니다. 1906년에 샌프란시스코로 유학을 떠난 뒤 민족운동 단체인 공립협회에 가입하면서 본격적으로 민족운동에 참여했습니다.

그러던 중 1908년 3월, 당시 우리나라 외교고문이던 스티븐스가 미국 샌프란시스코에서 일본의 한국 침략과 식민지화를 정당화하는 발언을 해서 파문을 일으켰습니다. 그러자 장인환, 전명운 의사가 나서서 그를 처단합니다. 두 사람은 미국에서 체포되어 재판을 받게 됩니다. 송종익은 재판후원회를 결성하고 후원회 재무로 임명됩니다.

당시 장인환, 전명운 의사의 재판은 살인 사건으로 간주되었는데, 송종익은 재판을 애국지사가 벌인 사건으로 전개시키는 데 큰 역할을 해냅니다. 그는 변호사 교섭 및 수임료 조달 등을 주로 맡았으며, 이 사건을 여러 나라에 알려 한국의 독립의지를 널리 전하고자 했습니다.

그 후 송종익은 샌프란시스코에서 독립운동가 홍언 선생과 함께 '흥사단'을 창립하고, 안창호 선생과 함께 북미실업주식회사를 조직하여 독립운동 군자금을 마련하는 일을 10년 동안 추진했습니다.

비록 군자금은 목표치에 못 미쳤지만 10년이라는 기간 동안 미국에서 군자금을 모으기 위한 노력은 결코 헛되지 않았습니다. 이후에도 송종익은 다양한 협회를 조직하여 군자금을 모으기 위해 노력했지만 성과는 미미했습니다.

1919년 3월, 그는 대한민국 임시정부 설립에 필요한 자금을 모집하고 송금하는 역할을 주도했습니다. 훗날 미국에서 활동하던 독립운동 단체들을 통합하고자 노력했으며, 임시정부의 재정 후원에 적극적으로 나섰던 우리 민족의 숨은 영웅입니다.

1997년 2월의 독립운동가

양기하 梁基瑕

1878. 10. 8 ~ 1932. 2

관직을 버리고 항일 무장투쟁에 뛰어들다

"조선혁명의 최후 해결은 조선 노력대중勞力大衆의
모든 부대를 동원하여 일본 군대·경찰·헌병·감옥·소방대 등을
근본적으로 격파하고, 정치·경제·문화 기타 제국주의적
제諸 시설을 모두 파괴함에 있다."
- 선생이 활동한 조선혁명군의 선언서 중에서

1878년 출생

1910년 한일병합조약 후 관직을 그만두고, 서간도로 망명

1919년 3·1운동 이후 대한독립단 조직, 무장투쟁 시작

1920년 광복군사령부 결성, 선전부장 취임

1932년 신빈 사건 이후 만주 관뎬현에서 전사

양기하는 대한제국 말에 공주군 군수를 지냈습니다. 1910년 한일병합조약이 체결되자 관직을 버리고 즉시 서간도로 망명했습니다. 이 말을 달리하면, 나라가 망했는데도 여전히 관직을 버리지 않은 사람이 있었다는 것입니다. 이게 무슨 의미인지 잘 생각해보시기 바랍니다.

당시 간도에는 경상도 출신의 명망 있는 유학자이자 의병장을 지낸 유인석이 수하들을 이끌고 망명해 있었습니다. 양기하는 유인석과 가까이 지내며 독립운동을 위한 해외기지 설립의 청사진을 그려나가기 시작했습니다.

양기하는 이들 의병부대와 함께 1919년 3·1운동 이후 대한독립단을 조직하여 무장 항일투쟁에 뛰어들었습니다. 그 후 대한민국 임시정부 관할하에 있던 남만주 지역의 독립군 단체를 통합한 광복군사령부를 결성하고 선전부장에 취임했습니다. 이때 임시정부와 인연을 맺은 양기하는 임시의정원 의원을 지내면서 '한국노병회' 결성에 참여하는 등 상하이에서 활동했습니다. 한국노병회는 '모두가 노동하며 군인이 되는' 노병일치勞兵一致의 독립운동 단체로 '조국 광복에 공헌하기 위하여 향후 10년 이내에 1만 명 이상의 노병을 양성하는 것'을 목적으로 하는 단체였습니다. 이에 따라 한국노병회는 한국 청년들을 선발하여 중국 군사교육기관에 유학시키는 등 독립군 양성과 군자금 마련에 주력하게 됩니다.

그러나 임시정부의 큰 세력 중 하나였던 이승만의 노선에 반대하여 이승만에 대한 불신임안을 제기하는 등 갈등을 겪다가 1924년 만주의 무장 독립운동 계열로 복귀했습니다.

그 후 양기하는 참의부 교육위원장을 시작으로 국민부, 조선혁명당, 조선혁명군을 결성하여 만주 지역의 무장단체를 통합하는 데 앞장섰습니다. 1932년 신빈 사건으로 조선혁명당 지도부가 대거 체포되면서 와해 위기에 처했을 때 그는 만주 지역의 조직을 사수해야 한다는 강경론을 펼쳤습니다. 결국 콴뎬현에서 조선총독부 경찰대와 만주군의 협공에 맞서 격전을 벌이다가 수십 명의 조선혁명군 병사들과 함께 가장 먼저 전사했습니다.

1997년 4월의 독립운동가

송병조 宋秉祚

1877. 12. 23 ~ 1942. 2. 25

3·1만세시위를 주도한 목사

"구적분투, 일제에 무력으로 대항하여 파괴하라

"이당치국, 당을 세워 나라를 다스린다."

- 송병조 선생의 어록

1877년 출생

1926년 임시정부 임시의정원 부의장, 의장

1932년 한국대일전선통일동맹 결성

1935년 한국국민당 이사

1939년 임시정부 국무위원, 임시의정원 의장

1942년 서거

송병조는 어릴 때 한학을 공부했습니다. 그러나 30대 중반에는 평양신학교에 입학하여 신학을 공부했습니다. 신학교라고 해서 오늘날 우리가 생각하는 목회의 길을 걷는 신학교를 생각하면 안 됩니다. 당시 평양신학교는 신앙과 민족정신을 가르치는 학교였습니다. 이승훈, 길선주, 이명룡 목사를 배출한 서북 지역 독립운동가들의 근거지이도 했습니다. 이 학교의 졸업생과 재학생들은 1917년 '조선국민회'를 조직하여 비밀리에 민족교육을 실시하고, 해외 독립운동 단체와 연계하여 독립군 기지 개척운동까지 전개했습니다. 지금의 신학교와는 많이 다르죠?

이러한 분위기에서 평양신학교를 다닌 송병조는 민족 독립의지가 충만한 독립운동가이자 목사가 되었습니다. 1919년에 3·1운동이 일어나자 용천 지역에서 만세시위를 주도했으며, 이때부터 본격적으로 독립운동에 뛰어들었습니다.

같은 해 10월 송병조는 전국 각 도의 대표 24명이 '대한국민총회'를 창립할 때, 지속적인 독립운동을 추진하기 위해 군자금 모집활동을 담당했습니다. 그러다 일제의 탄압을 피해 1921년 상하이로 망명한 뒤 안창호 선생의 주선으로 임시정부에 참여하여 재무부 임원으로 활동했습니다.

그 후 송병조는 안창호, 이동녕, 이시영, 조완구, 조소앙 등과 함께 한국독립당을 결성했습니다. 그리고 임시정부를 옹호, 유지하기 위해 1935년 김구, 이시영, 조성환, 조완구와 함께 한국국민당을 창당했습니다.

한국국민당은 "적의 총 세력을 박멸하고 완전한 민주공화국을 건설하여 위로는 조선의 광휘를 빛내고, 밑으로는 자손만대의 영예를 발전시킴으로써 세계 민족과 함께 공존공영을 도모할 것"을 목적으로 하는 민족 정당으로, 중국 정부와의 활발한 외교 교섭 등을 통해 1940년 9월 충칭에서 광복군을 창설하는 데 큰 기여를 했습니다.

"조상들이 사랑하여 지켜오던 국가를 구적仇敵 일본에게 우리 자손들 때에 와서 빼앗기고 아픈 생활을 하다가 기미운동이 일어나 독립을 선언하고 도수徒手운동을 하던 군중이 만적蠻敵의 총창銃槍과 철구鐵鉤 아래 혈육이 분비紛飛하는 한편, 당시 국외로 탈출한 인사와 을사乙巳·경술庚戌 이후 국외에서 활동하던 인사들이 국내 동포의 의지意旨에 합응하여 자못 거국일치로써 성립하니 의정원이오 이 정부인데, 이 최고기관을 위하여 많은 동지가 분투도 하고 많은 지사가 적에게 희생도 되었습니다. 이렇게 소중한 기관이 금일에 이르러서는 형세가 전과 달라진 데 대하여 유감천만이외다. 오직 처음의 뜻을 굳게 잡아 더욱 분투할 따름이외다."

– 임시의정원 제28회 정기회의에서 송병조 선생이 한 연설 중에서

1997년 5월의 독립운동가

김창숙 金昌淑

1879. 7. 10 ~ 1962. 5. 10

조선의 마지막 선비
성균관대학교 창립자

"나라가 곧 망하겠다.
지금 문을 닫고 글만 읽을 때가 아니다.
성현이 세상을 구제한 뜻을 모르면 가짜 선비니라."

1879년 출생
1905년 을사오적 처형 상소
1906년 국채보상운동에 앞장
1908년 대한협회 총무 역임
1919년 유림 대표 137명의 서명을 파리 강화회의에 제출
1919년 신채호, 김원봉과 함께 이승만의 미국 위임통치 청원 사실 공개비판
1926년 의열단원 나석주 의사 의열투쟁 지원(폭탄, 권총, 무기)
1946년 성균관대학교 설립, 초대 총장
1962년 서거

서울 종로구에 있는 성균관대학교는 오랜 역사를 자랑하는 대학입니다. 조선시대 유교 교육의 진원지였던 성균관은 1946년 김창숙 선생에 의해 성균관대학교로 재건되어 현재까지 그 명성을 이어가고 있습니다. 이번에는 조선의 마지막 선비이자 독립운동가였던 김창숙에 대해 알아보겠습니다.

김창숙은 영남의 유학자 집안에서 태어나 유학자의 길을 걸었습니다. 1905년 을사늑약이 체결되자 급히 서울로 올라와 매국노 이완용을 비롯한 을사오적을 처형하라는 상소를 올렸습니다. 하지만 이 사건으로 체포되어 옥고를 치러야 했습니다.

1906년 국채보상운동이 시작되자 김창숙은 전국단연동맹 성주 지역 대표로 활동하며 국채보상운동에 앞장섰습니다. 그러나 일제의 방해가 계속되자 방법을 바꿔 1909년 사립학교인 성명학교 설립에 참여하여 민족교육에 앞장섰습니다. 그리고 1910년 나라를 일본에 빼앗긴 뒤에는 중국으로 건너가 독립운동에 참여했습니다.

1919년 거국적인 3·1만세운동이 일어났을 때는 어머니가 병환으로 생사를 헤매고 있어 독립선언서에 서명할 기회를 놓치고 말았습니다. 김창숙은 이를 매우 안타까워했습니다. 민족대표에 천도교, 불교, 기독교는 있는데 유교, 유림 계열의 지도자는 한 명도 없었기 때문입니다. 그 후 김창숙은 전국 유림 대표 137명의 서명이 담긴 한국의 독립을 호소하는 진정서를 가지고 상하이로 건너갔습니다. 유림단 진정서의 내용은 다음과 같습니다.

한민족은 불행히도 그간 일제의 간악한 침략으로 인하여 현재는 노예적 상태에 있지만, 역사적 전통과 현실적 역량에 있어서 충분히 독립자존의 능력을 갖추고 있으므로 인간 및 만물을 통한 독립생존의 원리에 비추고, 또 강화회의에서 실현코자 하는 민족자결 원칙에 입각하여 우리 한민족에 대해서도 자주독립을 보장하라.

김창숙은 한국의 독립을 요구하는 파리장서를 파리 강화회의에 제출했을 뿐만 아니라 각국 대사, 공사, 영사관 및 중국의 정치가들에게도 보내 우리 민족의 독립에 대한 간절한 염원을 세계만방에 알리고자 했습니다.

그해 4월에 김창숙은 대한민국 임시정부 경상도 지역 의원이 되었으며, 쑨원, 리원즈李文治 등의 중국 인사들을 만나 '한국독립후원회'와 '한중호조회'를 결성하여 만주와 몽골 등에 독립운동 기지를 건설했습니다. 이 외에도 학교 교육에 꾸준히 관심을 가졌으며 언론인으로 활동하기도 했습니다. 1926년에는 이동녕, 김구 등과 함께 결사대를 국내에 파견하여 의열단원 나석주의 동양척식주식회사 폭파 사건을 비롯하여 일제의 통치기관을 향한 무력시위를 주도했습니다.

1920년 귀국하자마자 독립운동 자금을 모집하던 김창숙은 일본 경찰에 체포되어 모진 고문을 받았으나(1차 유림단 사건) 그의 민족정신과 애국심은 전혀 꺾이지 않았습니다. 출옥 후 곧바로 중국으로 가서 신채호, 박은식 등과 『천고』, 『사민일보』 등을 발행하여 한국의 젊은이들에게 독립정신을 불어넣고자 했습니다. 또 서로군정서를 조직하여 군사선전위원장으로 활약하는 한편 쑨원과 교섭하여 독립운동 자금을 받아내기도 했습니다.

1923년에 김창숙은 의열활동을 위해 '입을 다물고 실행한다'는 의미의 다물단을 조직했습니다. 그러나 1927년 상하이 주재 일본영사관 직원에게 체포되어 본국으로 압송되었습니다. 결국 징역 14년형을 선고받고 대전형무소에서 수감생활을 하게 됩니다. 일제강점기 말 비밀결사인 '건국동맹'의 남한 책임자로 활동하다가 발각되어 구속 중 광복을 맞았습니다.

8·15 광복 후 김창숙은 박헌영의 조선공산당에 반대의사를 분명히 밝히고 민족주의 계열에서 정치활동을 했으며, 1945년 12월 신탁통치 반대운동에 참여했습니다. 이듬해 2월 남조선대한국민대표민주의원 의원에 선출되었으나, 내부에 친일파와 한민당 세력이 득세하는 것을 보고서는 비난 성명서를 내고 의원직을 사퇴했습니다.

한국전쟁 후 김창숙은 이승만 대통령의 하야 경고문 사건으로 부산형무소에 40일 동안 수감되었고, 1952년 부산 정치파동이 일어나자 이시영, 김성수, 조병옥 등과 함께 반독재호헌구국선언을 발표했습니다. 1959년 국가보안법 개악에 대해서는 망국의 법이라며 강력히 비난했습니다. 이러한 반독재 민주화운동의 행보를 하면서 독재권력 비호세력으로부터 테러를 당하기도 했습니다.

1952년 6월 김창숙은 이승만의 개헌안에 반대하는 시위를 벌이다가 체포되었습니다. 이후 정치활동을 그만두고 유림계로 복귀하여 유도회를 조직하고 회장 및 성균관장을 역임했습니다. 일제강점기에 억압받았던 성균관을 계승하겠다는 취지로 성균관대학교를 설립하여 초대 학장에 취임했습니다.

현재 성균관대학교 캠퍼스에는 심산 김창숙 선생을 기리는 동상이 건립되어 있으며, 성균관대학교에서 발행되는 『성균지』에서는 해마다 심산 문학상을 시상하고 있습니다. 우리가 반드시 기억해야 하는 잊혀진 영웅 중 한 분입니다.

1998년 2월의 독립운동가

민긍호 閔肯鎬

? ~ 1908. 2. 29

**대한제국 군인, 의병부대를 조직해
일본군과 100여 차례 전투를 치르다**

"국권을 빼앗기고 국민이 도탄에 빠져 있는 때에
내가 일본에 투항하면 일본 치하에서 지위가 높아지고
부귀가 8역적逆賊과 어깨를 나란히 할 수 있음을 모르는 바 아니다.
그러나 나의 뜻은 나라를 찾는 데 있으므로 강한 도적 왜倭와 싸워서
설혹 이기지 못하여 흙 속에 묻히지 못하고 영혼이 망망대해를
떠돌게 될지라도 조금도 후회하지 않는다."

1897년 부사관으로 군생활 시작
1907년 강원도 지역에서 의병 모집
1908년 치악산에서 왜병의 습격을 받고 체포
1908년 2월 29일 의병들의 구출작전 도중 일본군에 의해 순국

1897년에 군에 입대한 민긍호는 조국과 민족을 수호하기 위한 삶을 시작했습니다. 그러나 육군 상사 시절 을사늑약 체결로 조국이 자주적인 외교권과 재정권을 일본에게 박탈당하는 것을 보게 됩니다. 더욱이 일본은 고종을 강제로 퇴위시키고 군대를 해산했는데, 이것은 우리 민족의 국방력을 말살하여 한국을 완전히 식민지화하기 위한 조치였습니다.

그러나 강제 군대 해산 명령을 거부한 군인들은 반일 무장투쟁을 전개해나갔습니다. 당시 시위대 제1연대 제1대대장 박승환 참령이 권총으로 자결한 것이 기폭제가 되어 제1대대 장병들이 봉기를 일으켰습니다. 이 소식을 접한 시위대 제2연대 제1대대 장병들도 봉기에 가담했습니다. 민긍호 역시 무장봉기를 결심하고 원주진위대 병사들을 지휘하여 봉기했습니다. 당시 민긍호는 모집한 병사들에게 이렇게 말했습니다.

"나라에 병사가 없으면 무엇으로 나라라 할 수 있겠는가. 군대를 해산하라는 명령에 복종할 수 없다."

민긍호가 이끄는 원주진위대 병력은 우편취급소, 군아, 경찰분견소를 습격하고 원주읍을 완전히 장악했습니다. 도망치는 일본인, 그리고 미처 도망치지 못한 일본인들을 척결하고, 군수물자를 조달하기 위해 급파된 일본군 수비대 부대와 치열한 접전을 벌여 수십 명의 일본군을 사살하여 격퇴했습니다. 결국 일본군 사령부는 서울에 주둔하고 있던 보병 2개 중대, 공병 1개 소대를 투입하여 공격에 나섰습니다. 그러나 이곳의 지리를 잘 알고 있는 민긍호의 의병부대는 마을 주민들의 은밀한 후원을 받으며 일본군을 괴멸시켰습니다.

민긍호는 당시 가장 큰 의병부대를 이끌고 있던 이강년 의병장과도 협력하여 밀접한 관계를 유지했고, 70여 차례나 일본군과 전투를 벌여 단 한 번도 빠짐없이 압승을 거두었습니다. 민긍호는 화력과 기동력을 높이기 위해 의병부대를 여러 편대로 나누어 신뢰할 만한 지휘관을 배치하고 다양한 전략과 작전을 펼쳤습니다. 이후에도 선생의 의병부대는 원주, 여주, 이천, 홍천 일대에서 100여 회의 전투를 벌여 큰 전과를 올렸습니다.

1908년 2월 27일 민긍호가 직접 지휘하는 의병부대는 원주 강림 박달치 부근에서 일본군 수비대 및 경찰대와 접전을 벌이게 되었습니다. 밤새 치열한 전투를 벌였지만 교전이 길어지면서 의병부대는 탄환이 바닥났고 결국 일본군에게 촌락을 점령당했습니다. 이때 민긍호도 일본군에게 붙잡히고 맙니다. 중간 지휘관들은 일단 후퇴했다가 그날 밤 민긍호를 구출하기 위해 일본군 숙영지를 공격했습니다. 의병부대 병사들은 부족한 화력에도 불구하고 일제히 "우리 대장 민씨는 있는 곳에서 소리 지르라!"고 외쳐대며 사생결단의 자세로 싸웠습니다. 의병부대의 기백에 놀란 일본군은 악랄하게도 민긍호를 그 자리에서 사살한 뒤 퇴각했습니다.

일본의 강제 군대 해산에 반대하여 1907년 8월 5일 의병부대를 만든 민긍호는 1908년 2월 29일 일본군과의 접전 현장에서 피살되었습니다. 한번 계산을 해봤습니다. 약 7개월 동안 100번 넘게 전투를 벌였다면 이틀에 한 번 꼴로 싸운 셈입니다. 때로는 전투가 며칠 동안 지속되기도 했을 겁니다. 민긍호의 마지막은 이러했습니다. 조국을 위해, 자신의 삶을 하얗게 불태웠던 의병장. 우리가 기억해야 하는 잊혀진 영웅 중 한 명입니다.

내가 일본에 투항하면 일본 치하에서 지위가 높아지고 부귀가 8역적逆賊과 어깨를 나란히 할 수 있음을 모르는 바 아니다. 그러나 나의 뜻은 나라를 찾는 데 있으므로 강한 도적 왜倭와 싸워서 설혹 이기지 못하여 흙 속에 묻히지 못하고 영혼이 망망대해를 떠돌게 될지라도 조금도 후회하지 않는다.

– 강원도 관찰사의 귀순 권유에 대한 선생의 거부 답신 중에서

1998년 6월의 독립운동가

이원대 李元大

1911. 12. 29 ~ 1943. 6. 17

10년간 항일전투를 치른
의열단 간부학교 출신 청년

중국의 광활한 대지 위에 조선의 젊은이 행진하네 발 맞춰 나가자
다 앞으로 지리한 어둔 밤 지나가고 빛나는 새날이 닥쳐오네
우렁찬 혁명의 함성 속에 의용대 깃발이 휘날린다
나가자 피 끓는 동무야
- 조선의용대 군가 중에서

1911년 출생
1933년 의열단 간부학교 2기생 입교
1935년 졸업 후 난징, 상하이를 왕래하며 작전 수행
1937년 중일전쟁 발발 후 중국 경찰과 협조, 간첩 체포 숙청 임무
1938년 10월 조선의용대원으로 활동
1943년 중대장으로 일본군과 격전 중 체포
1943년 6월 17일 고문을 받고 순국

이원대는 일본에 나라를 빼앗긴 바로 다음 해에 태어났습니다. 어릴 적부터 호기롭고 정의로운 성품에 외골수적인 면이 있었다고 합니다. 일제의 수탈에 괴로워하고 억울해하는 사람들을 보면서 식민지의 현실을 피부로 느끼는 한편 조국의 광복을 위해 투신한 독립운동가들을 보며 그의 가슴속에도 뜨거운 피가 끓어올랐습니다. 그는 평소 친하게 지내던 안병철의 권유로 1933년 8월 부산에서 중국으로 망명했습니다.

안병철은 이육사와 함께 중국으로 건너가 조선혁명군 간부학교를 1기로 졸업한 인물입니다. 의열단 간부학교라고도 불리는 이 학교를 졸업한 후 2기 학생을 모집하기 위해 국내로 잠입한 의열단 스카우터였습니다. 따라서 이 두 사람의 연결은 너무나 자연스러운 일이었습니다. 이원대는 독립투쟁에 투신하기로 결심하고 중국으로 떠났던 것입니다.

이원대는 의열단 간부학교 2기생으로 입학하여 6개월 동안 군사학, 철학, 정치학, 경제학, 사회학, 각국 혁명사 등을 배웠습니다. 졸업을 앞둔 그는 김구 선생의 요청에 따라 14명의 동기생들과 한인특별반에 입교했습니다.

한인특별반은 우리가 잘 알고 있는 윤봉길 의사의 상하이 훙커우 공원 의거를 계획한 단체입니다. 윤봉길의 상하이 의거는 중국인들에게도 큰 영향을 미쳐 일본에 대한 무장투쟁의 불꽃을 일으켰을 뿐만 아니라 한인에 대한 인식, 한국 독립운동에 대한 인식을 크게 바꾸는 계기가 되었습니다. 또한 이를 계기로 중국 국민당 정부는 대한민국 임시정부를 지원하게 되었을 뿐만 아니라 한중연합 항일작전을 벌이게 되었습니다.

특히 1933년 김구 선생과 중국 국민당 장제스 주석의 회담이 성공적으로 이루어짐에 따라 중국 중앙육군사관학교에 한인특별반을 만들게 됩니다. 이곳에서 한국 청년들을 독립군 장교로 육성한다는 계획이었습니다. 김구 선생은 이원대가 이 역사적 사명에 적합한 인물로 보고 입교를 제안했던 것입니다.

그 후 이원대는 민족혁명당의 특파공작원으로 활동하게 되는데 중국 경찰과 협조하여 난징, 상하이 등지에서 일본군 정탐활동 및 일본인 관리 암살, 일제 시설 파괴공작을 수행했습니다. 민족혁명당이 조선의용대로 개편되자 의열단장 김원봉은 민족전선의 청년장교들을 중심으로 조선의용대를 조직했습니다. 그리고 중국 정부에 제안하여 승인을 받은 후 한중 연합작전을 본격적으로 전개합니다.

이원대는 약 50여 차례 전투에 참여했습니다. 그중 가장 유명한 전투는 1942년 일본군이 중국 팔로군을 소탕하기 위해 타이항산에서 벌인 마전 전투입니다. 이원대는 포위망을 구축하고 압박해오는 일본군을 상대로 야간 기습작전을 감행하여 탈출로를 마련한 뒤 팔로군과 함께 역포위작전을 펼치며 일본군에게 엄청난 타격을 입히고 큰 승리를 이뤄냈습니다.

1942년 7월경 조선의용대 화북지대 중대장으로 소속 부대원들을 지휘하며 일본군과 전투를 벌이던 도중 이원대는 생포되고 맙니다. 이후 석문헌병대에서 석 달 가까이 매일 고문을 받던 이원대는 32세의 나이로 순국하셨습니다.

1998년 7월의 독립운동가

김마리아 金瑪利亞

1892. 6. 18 ~ 1944. 3. 13

2·8독립선언에 참여한 여성 독립운동가

"옛말에 이르기를 나라를 내 집같이 사랑하라 하였거니와
가족으로서 제 집을 사랑하지 않으면 그 집이 완전할 수 없고,
국민으로서 제 나라를 사랑하지 않으면 그 나라를
보존하기 어려운 것은 아무리 우부우부愚夫愚婦라 할지라도
밝히 알 수 있을 것이다. 아! 우리 부인도 국민 중의 일분자이다.
국권과 인권을 회복할 목표를 향하여 전진하고 후퇴할 수 없다.
국민성 있는 부인은 용기를 분발하여 그 이상에 상통함으로써
단합을 견고히 하고 일제히 찬동하여줄 것을 희망하는 바이다."

1892년 출생

1919년 황해도 지역에서 여성 계몽운동 활동

1923년 대한민국부인회 조직, 초대 회장

김마리아는 만석꾼 집안에서 태어나 풍족한 어린 시절을 보냈습니다. 아버지 김윤방은 일찍이 기독교에 입교한 뒤 송천리에서 교회와 학교를 세워 민족 계몽운동에 종사하던 분이었습니다. 그러나 김마리아는 10대 시절에 부모님이 모두 돌아가시면서 숙부들의 슬하에서 자랐습니다.

도산 안창호 선생과 결의형제를 맺고 세브란스의전을 나와 만주에서 독립운동을 벌였던 김필순은 셋째 삼촌이고, 김규식의 부인이자 상하이에서 독립운동을 벌였던 김순애는 셋째 고모였습니다. 이렇듯 민족정신이 충만한 애국지사들 사이에서 자라면서 김마리아 역시 자연스럽게 조국과 민족을 사랑하는 민족주의자가 되어갔습니다.

1차 세계대전이 끝날 무렵인 1918년 1월 8일에 윌슨 미국 대통령은 전후 처리 방안으로 민족자결주의 원칙을 발표합니다. 그해 11월 11일 전쟁이 끝나고 이듬해 1월부터 파리에서 강화회의가 열린다는 소식이 전해졌습니다. 당시 도쿄에서 유학하던 한국 학생들은 이를 독립의 기회로 여기고 독립선언문을 준비했습니다. 이것이 바로 도쿄 유학생들의 2·8독립선언문입니다. 김마리아와 황애덕을 비롯한 여학생들도 참여하여 활동했습니다. 여학생들은 성금을 거둬 2·8독립선언문 준비에 보탰고, 2월 8일 도쿄 간다神田의 조선기독교청년회관에서 열린 독립선언대회에도 참석했습니다. 나아가 황애덕과 같이 등단하여 일제의 식민지 정책을 신랄하게 규탄하고, 마지막 순간까지도 일제와 투쟁할 것을 눈물로 호소했다고 합니다.

김마리아는 이 같은 독립운동이 도쿄에서만 그쳐서는 안 된다고 생각했습니다. 국내에도 전파하여 전국적인 독립운동으로 확대해야 조국 광복을 쟁취할 수 있다고 여긴 김마리아는 귀국하기로 결심했습니다.

1919년 김마리아는 황해도 지역을 돌아다니며 여성들에게 독립운동 참여를 촉구하던 중 3·1만세시위 소식을 듣고서는 지속적인 독립운동 계획을 모색했습니다. 그러나 만세시위 배후 주동자로 지목되어 일본 경찰에 체포되었고 경무총감부에서 혹독한 고문과 조사를 받은 뒤 서대문감옥에 갇혔습니다. 6개월 동안 갖은 고문을 당했지만 이를 이겨내고 8월 4일에 증거 불충분으로 석방되었습니다. 그러나 고문 후유증은 평생 동안 그를 따라 다니게 됩니다.

출감 후 김마리아는 고문 후유증에 시달리면서도 독립의 꿈과 희망을 잃지 않았습니다. 더욱 강인해진 독립의지와 일제에 대한 적개심을 불태우며 지속적인 독립운동 방략을 강구했습니다. 그 후 애국지사들과 함께 대한민국애국부인회(근화회)를 조직하여 서울, 대구, 부산, 전주, 진주, 평양, 원산 등 15개 지방에 지부를 설치했으며, 2천여 명의 회원을 확보했습니다.

그리고 국권 회복을 위한 구체적인 방법으로 비밀리에 독립운동 자금 모집활동을 벌여 6천 원의 군자금을 임시정부에 전달하기도 했습니다. 그러던 중 조직원의 배신으로 1919년 11월 28일 김마리아를 비롯한 간부 등 52명이 경찰에 체포되어 대구에 있는 경상북도 경찰국으로 압송되었습니다. 김마리아는 대구지방법원에서 3년형을 선고 받았으나 고문으로 인해 몸이 망가진 탓에 1920년 5월 22일 출감한 후 세브란스병원에 입원하게 됩니다.

이광수는 김마리아의 귀국을 환영하며 「누이야」라는 시를 쓴 바 있으며, 도산 안창호 선생은 "김마리아 같은 여성이 10명만 있었다면 한국은 독립이 되었을 것"이라고 말하기도 했습니다. 또한 김마리아를 고문하던 일본 검사조차 그의 강한 의지에 탄복했다는 일화가 전해집니다.

1938년을 전후하여 주요 교파의 기독교인들이 일제에 협력하고 변절하던 시기에도 김마리아는 신사참배를 거부하고 끝까지 젊은이들에게 민족정신을 강조했습니다.

1943년 김마리아는 고문 후유증이 재발하여 갑자기 졸도합니다. 평양기독병원에 입원하여 치료를 받던 중, 조국 광복을 보지 못한 채 1944년 3월 13일에 순국하셨습니다.

1998년 8월의 독립운동가

안희제 安熙濟

1885. 8. 4 ~ 1943. 8. 3

백산상회부터 발해농장까지
독립운동 거점의 설립자

1885년 출생

1909년 대동청년단 조직

1914년 백산상회 설립, 독립운동 재정 지원

1919년 3·1운동 이후 의령에서 독립선언서 배포

1919년 대한민국 임시정부 설립 후 백산무역주식회사를 통해 자금 조달

1930년 만주로 재망명하여 발해농장과 발해학교 설립

1942년 11월 임오교변(종교 지도자 검거)으로 체포

1943년 8월 3일 병보석으로 풀려난 지 몇 시간 뒤에 고문 후유증으로 서거

1905년 11월 18일 을사늑약이 체결되었을 때 우리나라는 풍전등화 같은 신세였습니다. 일본은 을사늑약을 체결하여 우리의 외교권과 통치권을 빼앗았고, 결국 우리나라의 국권을 강탈하기에 이르렀습니다. 이같이 망국의 위기에 처하자 안희제는 새로운 학문을 익힐 뜻을 집안 어른들에게 밝혔습니다.

"국가가 망해가는데 선비가 어디에 쓰일 것입니까. 고서古書를 읽고 실행하지 않으면 도리어 무식자만 못합니다. 시대에 맞지 않는 학문은 오히려 나라를 해치는 것이니, 내일 당장 경성으로 올라가서 세상에 맞는 학문을 하여 국민의 직분을 다하는 것이 공맹孔孟의 도라고 할 수 있습니다. 그런데 어찌 산림간山林間에 숨어서 부질없이 글만 읽고 있겠습니까?"

안희제는 서울에 가서 신학문을 습득하고 민족의 실력을 양성해야 국권을 회복할 수 있다고 생각했습니다. 이 점에서 그의 신념은 도산 안창호 선생과 매우 유사합니다. 안희제는 1905년 보성전문학교 경제과에 입학했고, 기울어가는 국운을 바로잡기 위해서는 무엇보다 청소년 교육이 급선무라고 생각했습니다.

안희제는 많은 업적을 남겼는데, 그중 두드러지는 것은 세 가지입니다. 첫째, 자신도 어려운 처지에서 가난한 학생들에게 학비를 지원해주었습니다. 둘째, 방학 기간 동안 순회강연을 통해 계몽운동을 벌이는 등 민족의식의 고취에 노력했습니다. 셋째, 잡지를 발행하여 사립학교 설립에 필요한 교육 재원을 확보하는 데 힘썼습니다.

안희제는 구명학교, 의신학교, 창남학교를 연이어 설립하여 민족 교육과 민중 계몽운동을 실시했습니다. 그리고 국권 회복 운동의 역량을 육성하는 데 심혈을 기울였습니다.

영향력 있는 독립운동 지도자로 성장한 안희제는 대동청년당을 결성했습니다. 대동청년당은 17세부터 30세 미만의 청년들로 구성된 조직입니다. 우리는 두 가지를 기억하면 됩니다. 첫째, 대동청년당은 신민회와 함께 항일 민족의식을 고취하고 비밀 작전 등을 수행했습니다. 둘째, 1945년 8월 15일 해방이 될 때까지 그 실체가 드러나지 않았던 비밀결사 조직입니다. 안희제는 대동청년당 창립 멤버이자 2대 단장이었습니다.

그 외에도 안희제의 업적은 다양합니다. 교육을 통해 힘을 길렀고 발해농장을 설립하여 만주로 이주한 한국 농민들의 정착을 도와 자작농으로 육성함으로써 독립투쟁의 인적·물적 기반을 마련하고자 했습니다.

[특집 2]

경술국치에 순직하신 분들

이번 장에서는 관리로서, 그리고 국민으로서 나라를 잃은 슬픔에 스스로 목숨을 버린 분들의 이야기를 해보고자 합니다. 이분들의 순국은 의열투쟁은 물론 수많은 독립운동가들의 가슴에 불을 지폈고 국권 회복 운동에 큰 자극을 주었습니다. 이들이 어떤 마음으로 사셨는지, 어떤 일을 하셨는지 잠시 알아보는 시간을 가지겠습니다.

독립운동가 홍범식洪範植

(1871. 7. 23 ~ 1910. 8. 29)

홍범식은 조선 후기의 대표적인 명문가에서 태어났습니다. 우리가 잘 아는 정조의 친어머니인 혜경궁 홍씨의 집안이었죠. 당시 조선의 교리였던 성리학을 공부하던 학자였기에 그는 충효와 의리를 최고의 덕

목이자 신념으로 삼았습니다.

17세에 과거에 급제했고, 34세가 되던 1905년 11월에 을사늑약 체결 소식을 듣고 비분강개합니다. 태인군수 시절 홍범식은 의병부대를 진압하기 위해 출동한 일본군 수비대를 온 힘을 다해 설득하고 막는 역할을 했습니다. 일본군 수비대가 태인군의 무고한 백성들에게 폭력을 휘두르고 학살도 주저하지 않았기에 최대한 피해를 줄이려고 노력했던 것입니다. 이러한 그의 노력에 감동한 지역 주민들은 마을에 선생을 기리는 비를 세웠는데, 그 수가 무려 38개에 이르렀습니다. 여기서 우리는 홍범식의 인품과 성품을 짐작할 수 있습니다.

그로부터 5년 후인 1910년 8월 29일에 한일병합조약이 체결됩니다. 이 조약으로 인해 조선은 국권을 상실하게 됩니다. 여기에는 수많은 이유가 있지만 그중 하나는 친일파 이완용과 밀접한 관련이 있습니다. 아마 이 부분은 교과서에서 다루지 않아 잘 모르실 겁니다. 1909년 12월 독립운동가인 이재명 의사가 이완용을 처단하려 했지만 안타깝게도 실패했습니다. 이완용은 칼에 맞았지만 목숨을 구했습니다. 이 사건을 계기로 일본은 친일단체였던 일진회를 통해 '조선은 한일병합을 원한다. 조선은 일본 덕분에 경제적으로 발전할 수 있다'는 내용의 청원서와 성명서를 발표하게 됩니다. 오늘날에도 일본은 이와 비슷한 주장을 하고 있습니다. '한국은 식민지 시대를 통해 발전할 수 있었다'는 것은 말도 안 되는 논리입니다. 이 소식을 들은 홍범식은 다음과 같이 말합니다.

"아아, 내가 이미 사방 백 리의 땅을 지키는 몸이면서도 힘이 없어 나라가 망하는 것을 구하지 못하니 속히 죽는 것만 같지 못하다. 기울어진 국운을 바로잡기엔 내 힘이 무력하기 그지없고 망국의 수치와 설움을 감추려니 비분을 금할 수 없어 스스로 순국의 길을 택하지 않을 수 없구나. 피치 못해 가는 길이니 내 아들아 너희들은 어떻게 하던지 조선 사람으로 의무와 도리를 다하여 빼앗긴 나라를 기어이 되찾아야 한다. 죽을지언정 친일을 하지 말고 먼 훗날에라도 나를 욕되게 하지 마라."

홍범식은 자결을 결심한 듯 미리 유서를 써놓았습니다. 8월 29일 한일병합조약이 공식적으로 발표되자 고종이 있는 북쪽을 향해 예를 표한 뒤 목을 매어 자결했습니다. 기록에 따르면 마치 자는 듯 편안한 자세였다고 합니다. 이때 그의 나이 40세였습니다.

독립운동가 황현黃玹

(1855.12.11 ~ 1910. 9. 10)

황현은 나라를 빼앗긴 사실에 통분하여 자결한 문인으로 유명합니다. 서울에 올라와서 과거를 보았고, 34세에 성균관 학생이 되었으나 당시 만연한 과거시험의 폐단을 직접 목격하고서는 더 이상 관직에 연연하지 않았습니다.

황현은 고향으로 내려가서 냉철하고 청렴한 지식인으로 살아가기로 결심합니다. 1905년 을사늑약이 체결된 후 민영환, 조병세, 홍만식 같은 '진정한' 관리들이 잇달아 자결하는 것을 보면서 누구보다도 가슴 아파하고 슬퍼하던 지식인이었습니다. 그는 이들을 추모하며 오애시五哀詩를 지었습니다. 우리에게 친숙한 시인을 꼽으라면 아마 윤동주가 가장 먼저 떠오를 겁니다. 윤동주가 지식인의 한계를 시로 표현하며 죽마고우 송몽규를 동경하던 모습을 우리는 영화 〈동주〉를 통해 다시 한 번 기억하게 되었죠.

황현은 시를 지어 영웅들을 추모하고, 친일인사들을 비판하는 시를 썼습니다. 1910년 8월 29일 그는 청천벽력 같은 소식을 듣게 됩니다. 경술국치. 황현은 죽음으로써 시대의 아픔을 잊고자 했습니다. 자기 자신과 가족보다 나라를 더 소중하게 여기는 마음이 그렇게 지극했습니다. 황현의 순국은 요즘의 시국에 많은 생각을 하게 합니다. 절명시 4수를 남기고 자결했을 때 그의 나이는 56세였습니다.

대신이 국난에 죽는 것은
여러 벼슬아치들 죽음과는 다르네
큰 소리 내며 지축을 흔드니
산악이 무너지는 것 같아라
(……)
인생은 늦은 절개를 중히 여기고
수립하는 일은 진실로 어렵고 삼가야 한다

낙락장송은 오래된 돌무더기에서
송진 향기 천 년을 가리라 (조병세 추모시)

"세상 꼴이 이와 같으니 선비라면 진실로 죽어 마땅하다. 그리고 만일 오늘 안 죽는다면 장차 반드시 날로 새록새록 들리는 소리마다 비위에 거슬려 못 견뎌서 말라빠지게 될 것이니 말라빠져서 죽느니보다는 죽음을 앞당겨 편안함이 어찌 낫지 않겠는가" (동생에게 남긴 말)

"나는 죽어야 할 의리는 없다. 다만 국가에서 500년이나 선비를 길러왔는데, 나라가 망할 때에 국난을 당하여 죽는 사람이 하나도 없다는 것이 어찌 원통치 않은가? 나는 위로는 황천皇天이 상도常道를 굳게 지키는 아름다움을 저버리지 않고, 아래로는 평소에 읽은 글을 저버리지 않는다." (가족에게 남긴 글)

난리통에 어느새 머리만 희어졌구나
몇 번 목숨을 버리려 하였건만 그러질 못하였네
하지만 오늘만은 진정 어쩔 수가 없으니
바람에 흔들리는 촛불만이 아득한 하늘을 비추는구나

요사한 기운 뒤덮어 천제성天帝星도 자리를 옮기니
구중궁궐 침침해라 낮 누수漏水소리만 길고나
상감 조서詔書 이제부턴 다시없을 테지
아름다운 한 장 글에 눈물만 하염없구나

새 짐승도 슬피 울고 산악 해수 다 찡기는 듯
무궁화 삼천리가 이미 영락되다니
가을 밤 등불 아래 책을 덮고서 옛일 곰곰이 생각해보니
이승에서 지식인 노릇 하기 정히 어렵구나

일찍이 조정을 버틸 만한 하찮은 공도 없었으니
그저 내 마음 차마 말 수 없어 죽을 뿐 충성하려는 건 아니라
기껏 겨우 윤곡尹穀을 뒤따름에 그칠 뿐
당시 진동陳東의 뒤를 밟지 못함이 부끄러워라 (황현의 절명시)

독립운동가 장태수張泰秀

(1841. 12. 24 ~ 1910. 11. 27)

장태수는 정부의 요직을 두루 맡았던 고위급 관리였습니다. 1895년 8월 20일 명성황후가 시해되는 사건이 일어났습니다. 뒤이어 을미개혁의 일환으로 단발령이 선포되었습니다. 당시 우리나라 사람들은 "신체발부 수지부모身體髮膚 受之父母"라고 하여 신체와 터럭과 살갗은 부모에게서 받은 것이므로 소중히 여겨야 한다고 믿어왔습니다. 이것은 공자의 가르침인 《효경》에 나오는 구절입니다. 장태수가 단발령에 저항한 것은 당연한 행동이었는지도 모릅니다. 그는 관직을 사직하고 향리로 내려와서 은거합니다.

1904년 2월 러일전쟁이 일어나고 일제가 한국을 침략하려는 움직임이 노골적으로 드러나기 시작했습니다. 이때 장태수는 고종을 모시기 위해 다시 관직으로 복귀했습니다. 그러나…… 1905년 11월, 친일파 박제순, 이지용, 이근택, 이완용, 권중현 5명에 의해 을사늑약이 체결됩니다. 이 5명을 을사오적이라고 부릅니다. 100년이 지나도, 천 년이 지나도 이들의 이름을 우리 후손들은 기억할 것입니다.

장태수는 을사오적을 처단할 것을 주장하는 상소를 계속 올렸습니다. 그러나 경술국치를 겪고 통곡하며 관직을 버리고 다시 낙향했습니다. 당시 일제는 이러한 충신들을 회유하고자 했습니다. 높은 자리와 돈을 약속하면서 이들을 회유하면 다른 사람들도 영향을 받을 것이라고 계산했기 때문입니다. 장태수에게도 일제 헌병이 찾아와서 돈으로 회유하고자 했습니다. 이때 선생은 다음과 같이 말했습니다.

"나라가 망하는 것도 차마 볼 수 없는데, 하물며 원수의 돈을 어떻게 받겠는가. 나는 죽어도 받을 수 없다."

나중에는 총과 칼을 들이밀며 위협했지만 장태수는 끝까지 뜻을 굽히지 않았습니다. 오히려 그는 이런 말을 남기고 단식에 들어갑니다.

"내가 두 가지 죄를 졌다. 나라가 망하고 임금이 없는데도 적을 토벌하여 원수를 갚지 못하니 불충이요, 이름이 적敵의 호적에 오르게 되는데도 몸을 깨끗이 하지 못하고 선조를 욕되게 했으니 불효다. 내가 이 세상에서 이 두 가지 죄를 지었으니 죽는 것이 이미 늦었다."

단식을 시작한 지 24일째인 1910년 11월 27일에 장태수는 순국하셨습니다.

앞에서 소개한 홍범식, 황현, 장태수 외에도 김도현, 이만도, 김석진, 송병순 등이 경술국치에 순국하셨습니다.

1998년 12월의 독립운동가

이윤재 李允宰

1888. 12. 24 ~ 1943. 12. 8

조선어사전 편찬에 인생을 걸었던 국어학자

"조선 사람에게 조선말 사전이 한 권도 없구

- 선생의 말

1888년 출생

1919년 평북 영변에서 3·1만세시위 참가

1929년 조선어사전 편찬위원회 집행위원

1931~1934년 한글강습회 개최, 한글 보급

1942년 조선어학회 사건으로 체포

1943년 고문으로 옥중 순국

우리는 독립운동가를 무력투쟁가, 교육투쟁가 등으로 나눕니다. 교육 투쟁가는 학교를 설립하거나 교편을 잡고 젊은이들에게 민족정신을 가르치는 애국지사를 가리킵니다. 이중에서도 우리의 역사와 한글을 중요시하여 이 분야에서 이름을 남긴 분들이 있습니다. 대표적인 분이 주시경, 이윤재입니다. 이윤재는 우리의 말과 글, 그리고 역사를 중요시한 숨은 독립운동가입니다.

1904년 2월 일제는 러일전쟁을 일으켰고, 1905년에는 을사늑약을 강제로 체결하여 우리의 외교권을 빼앗았습니다. 이러한 시기에 이윤재는 민족의 실력이 부족하기 때문에 외세에 대항하지 못하고 이런 일이 벌어졌다고 판단했습니다. 그리하여 민족교육운동에 전념하기 시작합니다.

이윤재는 1908년부터 김해 지역에서 교사로 재직하며 교육 계몽운동에 참여했습니다. 이와 동시에 대구에서 고등교육을 받으며 우리의 역사와 우리말에 깊은 관심을 갖게 되었고, 이 분야의 권위자인 주시경을 찾아가 그의 제자가 되었습니다. 약 5년 동안 주시경 밑에서 연구를 하다가 마산 창신학교에서 교편을 잡게 됩니다. 창신학교는 역사적으로 의미 있는 학교였습니다. 의열단장 김원봉의 고모부가 민족교육을 위해 설립한 사립학교였습니다. 김원봉과 조선어학회 회장을 역임한 이극로는 이 학교에서 교편을 잡고 가르치기도 했습니다. 이윤재는 조선어를 가르쳤으며 일제의 금지령에도 불구하고 우리 역사를 교육하여 청년들에게 민족 정체성과 독립정신의 불꽃을 일으켰습니다.

1919년 3·1만세운동이 일어나자 이윤재는 즉시 운동에 참여했으며 평안도 영변 지역에서 만세시위를 주도했습니다. 이 일로 인해 현장에서 일본 경찰에 체포되어 갖은 고문을 받았습니다. 1년 6개월간의 옥살이를 마치고 출옥한 후 중국으로 망명했고, 그곳에서 우리 역사를 연구하던 민족주의 역사학자 신채호를 만나게 됩니다.

이윤재는 신채호를 만난 뒤 베이징대학 사학과에 입학하여 3년 동안 근대사를 배웠습니다. 이때부터 민족의 주체는 민중이며, 민중이 직접 혁명에 뛰어들어야 한다는 신념을 가지고 많은 글을 게재하기 시작했습니다.

특히 기관지 『동광』에 「쾌걸 안용복」을 발표한 것이 유명합니다. 안용복은 조선 숙종 때 일본 어민들을 물리치고 울릉도와 독도를 사수한 사람입니다. 안용복의 활약상을 소개한 이 글을 통해 그가 청년들에게 무엇을 말하고자 했는지 가늠해볼 수 있습니다.

1927년 이윤재는 우리말로 된 사전이 한 권도 없다는 것을 깨닫고 이를 부끄럽고 안타깝게 여겼습니다. 그래서 조선어연구회에 가입하여 사전 편찬 작업을 시작합니다. 조선어학회의 전신인 조선어연구회에 대해 조금 자세히 살펴보겠습니다.

1910년 일제의 식민 지배가 시작되자 우리말과 우리 역사에 대한 연구와 보급이 완전히 중단됩니다. 이런 상황에서 가장 큰 역할을 한 사람이 주시경입니다. 주시경의 제자들은 스승의 의지를 이어받아

1921년에 조선어연구회를 조직했고, 그 의지가 이윤재에게 이어지게 된 것입니다.

조선어연구회의 표면적인 목적은 '우리말의 정확한 법리法理를 연구함'이었지만, 실제로는 우리말과 글을 보급하여 민족의 독립을 추구하는 것이었습니다. 조선어연구회에 가입한 이극로, 이윤재 등의 활약으로 조선어학회는 전성기를 맞게 됩니다.

"말은 민족의 단위를 결정하는 가장 큰 요소이고, 말의 단위가 곧 민족의 단위이므로 조선말이 곧 조선 겨레다."

1929년 10월 이러한 교육 신념을 가진 각계의 저명인사 108명이 모여 조선어사전 편찬위원회를 조직했습니다. 이곳에서 이윤재는 『동아일보』에 「세종과 훈민정음」이라는 글을 기고하고, 『별건곤』에 「세종성대의 문화」를 발표했습니다. 1928년에는 직접 『한빛』이라는 잡지를 창간했습니다.

1933년 10월 드디어 우리말로 된 사전이 완성됩니다. 이윤재를 비롯한 18명의 집필위원들이 심혈을 기울여 한글 맞춤법 통일안을 만들어 발표했습니다. 하지만 이 작업에 참여한 교육 지도자들이 일본 경찰에 체포되었고, 이윤재 또한 서대문형무소에 갇혀 모진 고문을 당했습니다.

그럼에도 불구하고 이윤재는 출옥 후 다시 사전 편찬에 매진하여

1940년 한글 맞춤법 통일안과 외래어 표기법 통일안을 발표합니다. 그리고 조선어학회와 관련된 인물들이 체포되는 조선어학회 사건이 발생합니다. 우리말과 글을 사용하지 못하게 하고, 일본어 사용을 강요하는 식민정책에 정면으로 대치되는 이윤재의 활동은 일제에겐 눈엣가시가 될 수밖에 없었습니다.

일제는 조선어학회 회원들과 사전 편찬 후원자들까지 검거했으며, 사전 편찬 원고와 수십만 장의 한글 자료를 압수하고 조선어학회를 강제 해산했습니다. 이후 1년여 동안 조선어학회 회원들에 대한 고문과 취조가 이어졌는데, 일제는 다음과 같은 결론을 내렸습니다.

"민족운동의 한 가지 형태로서 소위 어문운동은 민족 고유의 어문의 정리, 통일, 보급을 도모하는 하나의 민족운동인 동시에 가장 심모원려深謀遠慮를 포함한 민족 독립운동의 점진 형태漸進形態다."

이에 따라 조선어학회 사건 관련자들에게는 치안유지법 제1조 내란죄가 적용되었습니다. 일제는 그들에게 '육전', '해전', '공중전'이라고 불리는 잔혹한 고문과 악형을 가했습니다. 특히 이윤재는 더 끔찍한 고문을 당했다고 합니다. 과거 3·1만세시위운동에 참여했고, 민족주의 사학자 출신인 데다 우리말 사전 편찬에 누구보다 열정적이었기 때문입니다. 이윤재는 잔혹한 고문을 받다가 1943년 12월 8일 새벽, 차가운 시멘트 독방에서 55세의 나이로 순국하셨습니다.

1999년 11월의 독립운동가

강우규 姜宇奎

1855. 7. 14 ~ 1920. 11. 29

노익장을 보여준 민족의 교육자

"내가 죽는다고 조금도 어쩌지 말라.
내 평생 나라를 위해 한 일이 아무것도 없음이 도리어 부끄럽다.
내가 자나 깨나 잊을 수 없는 것은 우리 청년들의 교육이다.
내가 죽어서 청년들의 가슴에 조그마한 충격이라도 줄 수 있다면
그것은 내가 소원하는 일이다. 언제든지 눈을 감으면 쾌활하고
용감히 살려는 전국 방방곡곡의 청년들이 눈앞에 선하다."
- 청년들에게 남긴 유언

1855년 출생

1911년 북간도 망명

1919년 사이토 마코토 조선총독에게 폭탄 투척

1920년 순국

1919년 9월 2일 오후 5시 서울 남대문역. 3대 조선총독으로 부임하는 사이토 마코토齋藤實가 열차에서 내려 마차에 올라타자마자 갑자기 폭탄이 터졌습니다. 사이토 신임 총독은 목숨을 건졌으나 그 자리에 있던 일본인 육군 소장과 경찰서장 등 약 36명이 즉사했습니다. 약 보름 뒤 검거된 폭탄 투척자는 놀랍게도 65세의 노인이었습니다. 도대체 그는 누구이며, 왜 폭탄을 던진 것일까요?

강우규는 나라를 일본에 빼앗긴 후 만주로 망명하기 전까지 한약방을 경영하며 상당한 재산을 모았습니다. 이를 기반으로 사립학교와 교회를 세워 새로운 학문을 전파하고 젊은이들에게 민족의식을 심어주는 일에 앞장섰습니다.

강우규가 계몽운동에 뛰어든 가장 큰 이유는 을사늑약으로 인한 국망의 위기의식이었습니다. 국운은 계속 기울더니 급기야 1910년 8월 경술국치를 맞이하게 되었습니다. 이때 강우규는 50대 초반의 나이였음에도 불구하고 독립운동에 투신하기로 결심하고, 1911년 봄 두만강을 건너 북간도 지역으로 향했습니다.

100년 전의 50대는 요즘의 70대라고 생각하면 됩니다. 그곳에서 강우규는 학교를 설립하여 젊은이들에게 민족정신을 가르쳤습니다. 3·1운동 소식이 신흥촌에 알려진 1919년 3월 4일, 그는 동포들을 이끌고 만세운동에 앞장섰습니다. 그 뒤 블라디보스토크로 건너가서 이동휘의 부친 이승교와 박은식 등이 결성한 노인동맹단에 가입했습니다. 노인동맹단은 46~70세의 남녀로 구성된 독립운동 단체였습니다. 독립운동 1세대인 이들은 조국의 운명에 대한 책임의식을 가진 '어른'들이었습니다.

명부에 기록된 회원만 2천여 명이지만 학계에서는 1919년 6월 당시 5천 명 정도가 가입한 것으로 파악하고 있습니다. 노인동맹단은 파리 강화회의에 독립청원서를 제출하는 등 외교활동에 주력했습니다. 또한 노인동맹단 대표가 경성에 파견되어 보신각에서 시민들을 모아놓고 연설한 뒤 '조선독립만세'를 외치다 체포되기도 했습니다. 강우규는 노인동맹단을 대표해 조선총독을 처단하기로 계획하고 러시아에서 폭탄을 구했습니다. 그러고는 원산을 거쳐 8월 초 서울에 들어온 뒤 의거를 감행했습니다.

강우규의 폭탄 투척은 3·1운동 이후 최초의 의열투쟁이란 점에서도 큰 의미가 있습니다. 이토 히로부미를 저격할 당시 안중근 의사의 나이는 30세였고, 윤봉길 의사는 24세, 이봉창 의사는 32세에 의거를 일으켰음을 생각해보면 66세의 나이로 삼엄한 경비를 뚫고 조선총독 사이토 마코토에게 폭탄을 던진 사건은 더 큰 충격을 주었을 것입니다.

강우규는 광동중학을 비롯하여 6개의 학교를 설립하고 민족교육에 헌신한 애국지사였습니다.

"내가 죽어서 청년들의 가슴에 조그마한 충격이라도 줄 수 있다면 그것은 내가 소원하는 일이다."

그가 마지막까지 외쳤던 한 마디는 "조선 청년들이여, 깨어나라"였습니다.

독립운동가 강우규가 청년들의 교육을 생각하는 마음은 그만큼 컸습니다. 1920년 11월 29일 서대문형무소에서 사형이 집행되던 날에도 그의 기개는 꺾이지 않았습니다. 그는 감상이 어떠냐는 검사의 물음에 짤막한 시를 남기고 의연히 순국하셨습니다.

단두대 위에 서니 오히려 봄바람이 이는구나
몸은 있으되 나라가 없으니 어찌 감상이 없겠는가

사이토 마코토 총독을 처단하기 위한 강우규의 폭탄 의거는 다음과 같은 역사적 의의가 있습니다.

첫째, 3·1운동 이후 독립운동사, 특히 무장투쟁 노선의 첫 시작이었다는 점입니다. 3·1만세운동을 전개하며 일제 군경에 저항하던 많은 독립운동가들이 희생되었지만, 최고 식민지 통치자의 처단을 목표로 한 의열투쟁은 없었습니다. 그런데 강우규는 새로 부임하는 조선총독을 처단하기 위해 사전답사까지 거쳐 결행했습니다. 의열투쟁의 본질이 그런 의거를 통해 조국 독립의 뜻을 알리는 데 있다고 본다면, 그의 의거와 그 후의 재판 과정은 우리 동포와 민족에게, 그리고 일제와 국제사회에 강한 메시지를 주는 데 성공했습니다. 그런 점에서 역사학자들은 성공한 의거라고 평가합니다. 또 이러한 의열투쟁은 이후 김원봉의 의열단과 김구의 한인애국단 등으로 이어지게 됩니다.

둘째, 독립운동사상 유일하게 노인에 의한 폭탄 투척 의거라는 점입니다. 강우규가 의거를 결행한 나이는 66세였습니다. 당시 대부분의 거사는 젊고 열정적인 청년들의 몫이었습니다. 그런 상황에서 강우규의 의거는 우리 동포들에게 큰 울림을 주었을 것입니다. 그의 거사 후 수많은 비밀결사가 조직되고 의열단이 결성된 것을 보면 청장년들이 큰 자극을 받아 독립운동 전선에 뛰어들었음을 알 수 있습니다.

2000년 1월의 독립운동가

유인석 柳麟錫

1842. 1. 27 ~ 1915. 1. 29

조선 말 최초,
최대 규모의 의병을 이끌다

"진실로 위급존망의 때입니다. 각자 거적자리를 깔고
방패를 베개 삼아 물불을 가리지 말아야 합니다.
아무리 어렵고 위태한 곳이라도 뛰어들어 기어코 망해가는 나라와
천하의 도의道義를 다시 일으켜 하늘의 태양이
다시 밝도록 하여야 합니다."

– 선생의 의병 격문 '격고팔도열읍檄告八道列邑' 중에서

1842년 출생

1876년 강화도조약 체결 반대 상소

1894년 항일 의병활동 시작

1910년 13도의군 조직

1915년 중국 선양에서 병사

유인석을 의병장으로만 아는 사람이 많습니다. 하지만 당시 시대 상황에서 그의 위대한 점을 좀 더 거시적으로 바라봐야 합니다. 유인석은 이항로의 수제자로서 당대 최고의 교육을 받은 엘리트였습니다.

1876년 강화도조약이 체결되자, 유인석을 비롯한 위정척사파 인물들은 상소를 올려 조약 체결을 저지하려 했습니다. 그 상소 내용을 살펴보면 일본을 비롯한 제국주의 열강의 침략 의도를 정확하게 간파하고 있었음이 드러납니다. 역사에서 가정은 의미 없는 일이라지만 그래도 이러한 상소들이 받아들여졌다면…… 어땠을까 하는 아쉬움이 있습니다. 당숙인 유중교가 춘천에서 제자를 양성하던 중 돌아가시자 유인석은 당숙이 닦아놓은 기반을 물려받기 위해 이사를 갑니다. 그리고 바로 그곳 제천을 거점으로 의병항쟁을 전개하게 됩니다.

유인석의 의병활동을 논하기 전에, 잠시 당시의 시대상을 간략히 살펴볼 필요가 있습니다. 이 무렵 일본은 청일전쟁을 일으켰으며, 김홍집을 이용하여 조선의 전통과 기풍을 흔들어놓고자 했습니다. 갑오개혁으로 의복이 서양식으로 바뀌었고, 일본인들이 명성황후를 무참히 시해하는 일이 벌어졌습니다. 또 음력 대신 양력을 사용하게 되었습니다(원래 우리나라는 날짜를 음력으로 계산했습니다. 아직도 어르신들이 음력으로 생일이나 기념일을 챙기는 모습을 볼 수 있습니다). 성인 남자들에게는 단발령이 떨어졌습니다. 상투를 자르고 머리를 짧게 깎도록 한 것입니다.

이러한 총체적인 격변을 보면서 유인석은 의병을 일으키기로 결심했습니다. 수백 명의 문인들이 유인석의 의병부대에 모여들었습니다. 글을 쓰던 선비들, 책을 읽고 이치를 깨달은 사람들, 지성인이라 불리는 사람들이 무기를 들게 된 것입니다.

의병대장에 취임한 유인석은 먼저 충주성을 공격했습니다. 대장을 포함하여 참모들 한 명 한 명이 모두 지성인이었기에 이들의 공격은 달랐습니다. 3500명의 병력으로 첫 기습공격에 성공했습니다. 실제로 총을 가진 사람은 400여 명에 불과했고, 신식 병기로 무장한 일본군에 비하면 절대적인 열세였음에도 죽음을 각오한 의병들이 사방에서 함성을 지르며 다가오자, 일본군은 그 기세에 눌려 전투를 포기하고 도망치느라 정신이 없었습니다. 충주성을 빼앗자마자 유인석은 친일파들과 탐관오리 및 단발령을 강요한 관리들을 숙청했습니다.

그 후 유인석은 일본군과 여러 차례 소규모 전투를 벌이다가 서간도로 망명하게 됩니다. 그곳에서 의병부대를 주둔시키고자 했으나 여의치 않았습니다. 지방관리가 무기를 소지한 채 입국하는 것은 불법이라며 무장해제를 요구했기 때문입니다. 유인석은 눈물을 머금고 생사를 함께한 의병 219명을 해산하지 않을 수 없었습니다. 이로써 역사적인 을미의병 항쟁은 사실상 종료되었습니다.

그로부터 1년 후 고종의 명으로 잠시 귀국했다가 만주로 돌아간 유인석은 문인 동지들에게 이렇게 말했습니다.

"원한을 품고 고통을 참으며 때가 오기를 기다릴 뿐이다."

만주 지역이 정치적 소용돌이에 휘말릴 무렵, 유인석은 더 이상 그곳에 머무를 수가 없었습니다. 황해도와 평안도 지역에서 제자들을 양성하며 지역 주민들의 항일의식 고취에 주력하게 됩니다. 그 후 고종의 강제퇴위 사건이 일어났고 정미7조약이 체결되자 유인석은 연해주 망명길에 올랐습니다. 부산항에서 배를 타고 블라디보스토크로 떠난 이후 다시는 고국 땅을 밟지 못했습니다. 배 안에서 그가 지은 시가 전해집니다.

병든 한 몸 작기도 한데 휘달리는 범선 만 리도 가볍구나
국명國命은 지금 어떠한가, 천심天心이 이 길을 재촉하도다
풍운은 수시로 변하고 일월만이 홀로 밝도다
주위의 한가로운 소리에 나의 심정만 아득해진다

연해주에 도착한 그는 이상설, 이범윤 등을 만나 여러 독립운동 단체들을 통합하고자 노력했으며, 13도의군이 만들어지자 총재가 되었습니다.

1910년 나라를 빼앗겼다는 비보가 들려오자 유인석은 적의 죄를 성토하고 우리의 억울함을 밝힌다는 뜻의 '성명회'를 조직했습니다. 회장으로 추대된 그는 조국 광복의 그날까지 일제에 맞서 투쟁할 것을 결의했습니다. 그리고 즉시 한일합병 반대 서명운동을 전개하여 중국, 러시아 인근에서 활동하던 수많은 독립운동가들을 포함하여 총 8624명의 탄원서 서명을 받아 각 나라의 정부 및 신문사에 보냈습니다.

유인석은 1915년 1월 29일, 지병으로 인해 파란만장한 일생을 마감했습니다.

2000년 5월의 독립운동가

양진여 梁振汝

1862. 5. 11 ~ 1910. 5. 30

평범했던 부자父子,
일제의 간담을 서늘케 하다

"무릇 왜적은 우리의 하늘에 사무치는 원수인 것이다.
(……) 오늘 행하지 못하면 내일 행할 것이요,
금년에 죽이지 못하면 내년에는 기필코 죽이기로 맹서하였다."
- 호남 의병장 격문 중에서

1862년 출생
1907년 의병부대 창설
1908년 광주수비대 토벌 연합작전 지휘
1909년 남한 대토벌작전으로 체포
1910년 서거

독립운동사를 살펴보면 이력이 독특한 인물들을 만나게 됩니다. 부유한 양반 집안에서 태어났지만 기득권을 포기하고 조국을 위해 뛰어든 사람들, 10대의 나이에 역사에 이름을 남긴 사람들. 온 가족이 독립운동에 헌신한 경우, 아버지와 아들이 나란히 독립운동을 하다 체포되어 같은 감옥에서 순국한 경우도 있습니다. 양진여, 양상기 부자가 그 주인공입니다.

의병장으로 활동한 양진여는 과거시험을 보려 했으나 나라가 어지러워지자 나라의 원수를 갚는 것이 급선무라고 여겼습니다. 이를 위해 전라남도 담양의 삼인산에 풍정암이라는 절을 지었습니다. 독립운동가를 기르기 위한 비밀 훈련소였습니다. 그는 전 재산을 정리하여 인근 마을 여러 곳에 주막을 차려 의병을 일으키는 데 필요한 군자금을 마련했으며, 이 일은 주로 그의 부인 박순덕이 도맡았습니다. 아들 양상기는 서울로 올라가서 나라를 위해 싸우라는 아버지의 당부에 따라 즉시 서울 시위대에 입대했습니다.

1907년 7월 고종의 특명을 받은 헤이그 특사 3인방의 노력이 실패로 돌아가자 그중 한 명인 이준 열사가 자결했습니다. 이 일로 인해 일제는 고종을 퇴위시키고 군대마저 강제 해산했습니다. 이 소식을 듣고 울분을 참지 못한 양진여는 의병을 일으키게 됩니다.

아들 양상기가 군대 해산으로 2년여의 군생활을 접고 고향에 돌아왔을 때, 양진여는 이미 의병장으로 활약 중이었습니다. 양상기도 광주경찰서에 들어가 총기 수십 정을 빼내어 의병을 일으켰습니다. 이

제 아버지와 아들이 각각 의병대를 이끌게 되었고, 두 의병대를 통합하여 의병투쟁을 펼치기도 했습니다.

양진여가 이끄는 의병대는 정읍, 순창, 고창, 담양 등지의 일본 헌병대를 공격하여 많은 전과를 올렸습니다. 이런 의병들의 활약상에 놀란 일본군 광주수비대장은 대규모 부대를 이끌고 의병 토벌에 나섰습니다. 양진여는 이들에 맞서 전라남도 장성군 비치에서 격전을 펼쳤으나 무기의 열세로 수십 명이 죽는 피해를 입었습니다. 의병대를 재정비한 그는 일본군을 쳐부술 기회를 기다렸습니다. 그리고 인근 지역에서 활약하던 김태원 의병장이 지원을 요청하자, 50여 명의 의병을 파견하여 무등촌 전투에서 일본군을 물리치는 승리를 거두었습니다.

양상기는 주로 나주, 동복, 화순 등지에서 의병투쟁을 펼쳤고, 아버지의 의병대와 긴밀한 관계를 유지하면서 맹활약했습니다. 1908년 11월 어느 날, 전라남도 지역의 의병들은 담양군 대전면 한재 부근으로 몰려들었습니다. 각 지역의 의병장들이 연합하여 일본 광주수비대를 섬멸하기 위한 작전이 펼쳐졌습니다.

당시 연합작전에 참여한 의병은 양진여 의병대 300여 명, 영광에서 온 전해산 의병대 300여 명, 화순·동복에서 온 양상기 의병대 200여 명 등 총 900여 명이 넘었습니다. 의병들은 12일 동안 격전을 벌인 끝에 많은 적을 죽였지만 아군의 피해도 컸고 양진여마저 총상을 입었습니다.

그는 상처를 제대로 치료하지도 못한 채 의병대를 이끌어야 했으나 겨울로 접어들면서 의병들의 사기가 점점 떨어졌습니다. 상황이 여의치 않자 양진여는 소규모 분대를 꾸려 일제와 유격전을 벌이기 시작했습니다. 특히 광주, 나주, 영광, 장성 등지의 일본 헌병 분견소를 공격한 일이 유명합니다. 그러나 이 유격전에서 그는 또다시 총상을 입었습니다.

이번에는 목숨이 위태로운 상태였기에 부하들은 갑향골로 그를 데려가 치료하고자 했습니다. 지휘관을 잃은 부대는 와해되기 직전이었고, 은신처마저 드러나고 맙니다.

1909년 8월 25일 갑향골 주막 주변. 영산포 헌병대 광주분견대의 가지무라 중위는 정찰대를 이끌고 대대적인 토벌작전을 벌입니다. 결국 양진여는 가지무라 중위에게 체포되었고, 이후 법정에서 이런 말을 남겼습니다.

"내 한 목숨은 아깝지 않으나 뜻을 이루지 못하고 죽는 것이 유감이다."

1909년 12월 54차례의 전투를 벌이며 큰 활약을 했던 아들 양상기마저 체포되어 대구감옥에서 사형당합니다.

양진여의 부인과 막내아들은 일본 헌병대에 끌려가서 갖은 고초를 겪었습니다. 결국 막내아들은 고문 후유증으로 26세에 숨졌고, 부인은 반신불수가 되어 고문의 후유증에 시달리다 광복을 6개월 앞둔 1945년 2월에 한 많은 세상을 등지셨습니다. 양진여의 친동생 양서영 또한 독립운동을 하다 유배형을 선고받았습니다. 이렇듯 온 가족이 나라를 위해 헌신한 본보기라고 할 수 있습니다.

지금까지 이런 분들의 존재를 모르고 살았다는 게, 글을 쓰는 이 순간에도 죄송한 마음을 금할 수가 없습니다.

2000년 7월의 독립운동가

김한종 金漢鍾

1883. 1. 14 ~ 1921. 8. 11

일본 헌병경찰들의 감시망을 피해
독립군 자금을 모집하다

"우리 4천 년 종사는 회진灰塵되고 우리 2천만 민족은
노예가 되었다. 섬오랑캐의 악정폭행惡政暴行은
일가월증日加月增하니, 이것을 생각하면 피눈물이 끓어올라
조국을 회복하고자 하는 염念을 금할 수 없다.
이것이 본회가 성립된 소이所以이니, 각 동포는 그 지닌바
능력을 다해 이것을 돕고, 앞으로 본회의 의기義旗가
동쪽에 오를 것을 기대하라."

1883년 출생
1906년 홍주의진에 종군하여 항일활동
1917~1918년 친일부호 처단 등 의열투쟁 전개
1921년 사형 순국

김한종은 충효의 전통을 지닌 사대부 집안의 독자로 태어났습니다. 그의 아버지인 김재정은 의병장 민종식의 휘하에서 활약하며 홍주성 공략 때 큰 공을 세운 분입니다. 김한종은 아버지의 영향을 받아 충효사상을 중요하게 여겼으며, 일제의 침탈을 직접 눈으로 목격한 뒤에는 일제의 침략에 맞서 싸우게 됩니다. 아버지와 아들이 독립운동에 투신한 경우입니다.

1906년 5월 의병들의 활약으로 홍주성을 되찾았을 때, 김한종과 그의 아버지 김재정은 홍주 의병에 참여하여 전투를 벌였습니다. 비록 일본군에게 패하고 말았지만, 김한종은 의병장들을 자신의 집에 피신시키며 훗날을 기약했습니다. 1910년 나라를 빼앗긴 뒤에는 충청도 지역에서 나라를 되찾기 위한 운동을 다시 전개했습니다. 조선총독이 부여 지방을 시찰한다는 정보를 들은 그는 동료들과 함께 총독 암살 계획을 세웠습니다. 그러나 일본 경찰의 가택 수색으로 인해 이 계획은 실현되지 못합니다.

이런 상황에서 그에게 다가오는 사람이 있었습니다. 그의 이름은 박상진. 대한광복회의 조직을 확대하고자 힘썼던 독립운동가입니다. 그의 권유로 김한종은 1917년 혁명적인 비밀결사인 '대한광복회'에 가입하여 충청도 지부장이 되었습니다. 이후 박상진, 채기중과 함께 대한광복회를 이끌며 활약하게 됩니다.

김한종은 충청도 지부를 홍성, 예산, 천안, 아산 등에 설립하고 과거 의병 동지들을 모아 대한광복회 조직을 확대해나갔으며 무엇보다도 군자금 모집활동을 벌였습니다. 기록에 따르면 170만 원의 군자금이 모였다고 합니다. 지금으로 치면 100억 원에 해당합니다. 이런 활동 도중에 친일부호들을 처단하기도 했습니다. 1917년 경상도의 부호 장승원을 처단했으며, 일본 헌병에게 군자금 모집활동을 밀고한 악덕지주 박용하를 처단했습니다. 그러나 박용하 처단 사건으로 조직이 노출되면서 김한종은 일본 경찰에 체포되었습니다.

4년 동안 옥고를 치르며 모진 고문을 받은 그는 결국 민족해방과 조국 독립의 염원을 가슴에 묻은 채 38세의 나이에 대구형무소에서 사형당했습니다.

의병운동에 투신하여 국권 회복 운동을 펼쳤고, 1910년대에는 근대적 민족주의 이념을 수용하여 비밀결사를 조직했던 독립운동가 김한종. 그는 특히 1910년대 일제의 폭압적인 무단통치가 자행되던 암흑기에 무력투쟁을 전개함으로써 우리 민족에게 독립의 희망을 잃지 않게 했습니다. 뿐만 아니라 일제의 토지조사사업으로 인해 대다수 민중이 헐벗고 굶주리고 있음에도 불구하고 자신의 안일만을 위해 민족을 저버린 친일부호들을 척살함으로써 민족 정기가 살아 있음을 보여주었습니다. 마지막으로 대한광복회의 의열투쟁 방식은 이후 암살단, 주비단, 의열단, 한인애국단 등으로 이어졌기에 그 의미가 더욱 크다고 할 수 있습니다.

2000년 9월의 독립운동가

오성술 吳成述

1884. 5. 15 ~ 1910. 9. 15

호남 벌판을 지킨 의병장,
26세에 역사에 이름을 남기다

"아버지, 국가 흥망이 경각에 달려 있습니다.
소자 비록 백면서생이오나 혈기방장하온데 썩은
선비들처럼 글만 읽고 앉아 있겠습니까. 최익현 선생의
뒤를 따라 국적國賊을 몰아내고자 하오니
거의에 필요한 자금을 승낙해주십시오."
- 1906년 6월 선생이 부친에게 한 말

1884년 출생
1907년 용문산에서 의병활동 시작
1908년 김태원 의병장과 무동촌 전투에서 승리
1909년 모금활동 도중 일제에 체포되어 대구형무소 수감
1910년 9월 15일 대구형무소에서 순국

독립운동가 오성술은 호남 벌판을 지킨 의병장으로 유명합니다. 그는 어릴 적 최익현이 을사늑약 체결에 반대하면서 매국노들의 처단을 요구하고 의병항쟁을 주창하는 모습에 큰 감동을 받았습니다. 그런 최익현을 존경하고 그의 강론에도 참석했습니다. 강론이 끝나자 오성술은 최익현에게 의병부대를 만들고 싶다는 의사를 밝혔고, 최익현은 매우 대견해하며 이렇게 말했다고 합니다.

"나는 이미 늙은 몸, 그대와 같은 열혈 청년들이 나서겠다고 하니 마음이 든든하네. 천하대세와 국세민계國勢民計가 이 지경에 이르렀으니 마땅히 일사보국一死報國할 기회가 온 것 아니겠는가. 한시도 지체하지 말기 바란다."

그 후 고향으로 돌아온 오성술은 곧바로 의병부대를 만들 계획을 세웠습니다. 『손자병법』 같은 병서를 탐독하며 병법을 익히고, 상하귀천을 가리지 않고 동지들을 모으기 시작했습니다. 참으로 멋지고 아름다운 모습이라 생각합니다. 독립운동에 신분의 귀천이 어디 있고, 나라를 사랑하는 마음에 남자와 여자를 구별할 이유가 무엇이겠습니까.

1906년 6월 오성술은 최익현이 태인 무성서원에서 의병부대를 만들었다는 소식을 듣고는 의병항쟁을 준비하는 데 더욱 박차를 가하면서 아버지에게 이렇게 말했다고 합니다.

"아버지, 국가 흥망이 경각에 달려 있습니다. 소자 비록 백면서생이오나 혈기방장하온데 썩은 선비들처럼 글만 읽고 앉아 있겠습니까. 최익현 선생의 뒤를 따라 국적國賊을 몰아내고자 하오니 의병부대를 창립하는 데 필요한 자금을 승낙해주십시오."

그러자 아버지는 아들의 뜻에 감화되어 군자금을 마련해주었습니다. 오성술은 이 자금으로 무기를 구입하는 한편 동지들을 규합하는 데 나섰습니다. 1907년 2월 그는 격문을 띄우고 거의擧義함으로써 구국 의병항쟁의 기치를 높이 들었습니다. 자신이 수학하던 용진산을 근거지로 삼아 200여 명의 의병을 모집하고 의진을 편성한 것입니다.

오성술은 의병부대를 이끌고 호남평야에 침투하여 경제 침탈에 앞장선 일본인 소유의 농장을 공격했습니다. 일본인 지주들이 조선인의 토지를 불법으로 점령하여 농장을 만들고 곡물을 수탈해가면서 농민들에게 엄청난 피해를 입히고 있었기 때문입니다. 일본인 농장을 가장 먼저 공격한 것으로 보아 그의 의병부대에 농민들이 많았음을 짐작할 수 있습니다. 일제의 수탈에 피눈물을 흘리는 우리 농민들의 목소리에 가장 먼저 귀를 열었던 것입니다.

그러나 일본은 1908년 초부터 대대적인 의병부대 탄압 작전을 실시합니다. 이에 따라 수많은 의병장과 독립운동가들이 총살되거나 체포되었습니다. 특히 의병부대에 대해 가장 잔인했습니다. 의병활동을 하는 사람의 최후를 보여줌으로써 독립운동의 의지를 아예 꺾어버리겠다는 전략이었습니다. 일제는 수많은 의병 영웅들을 공개 처형해서 길거리에 목을 걸어두는 만행을 저질렀습니다.

수많은 의병 지도자들의 비참한 죽음은 의병들의 사기를 크게 떨어뜨렸습니다. 의병부대의 암흑기가 찾아온 것입니다. 오성술은 전략을 바꿔 친일파를 처단하는 데 앞장섰습니다. 즉 의열투쟁을 시작한 것입니다. 그가 이러한 결정을 한 데는 그럴 만한 이유가 있습니다. 당시 친일파 밀정들이 의병부대의 작전 계획 및 근거지를 일본군에 알려주어 큰 타격을 입혔기 때문입니다.

1909년 8월 일본군은 오성술의 의병부대가 용문산에 주둔하고 있다는 정보를 입수하고 공격에 나섰습니다. 이때 오성술을 비롯한 30여 명의 의병부대는 수적인 열세와 화력의 열세를 극복하지 못하고 전부 전사합니다. 오성술만 간신히 목숨이 붙은 채 체포되었습니다.

1907년부터 3년 동안 광주, 나주, 담양, 함평, 고창 일대를 누빈 오성술의 항일 의병투쟁이 끝나는 순간이었습니다. 오성술은 교수형을 선고받고 1910년 9월 15일 대구감옥에서 26세의 나이로 순국하셨습니다.

2000년 12월의 독립운동가

김규식 金奎植

1881. 1. 29 ~ 1950. 12. 10

언어의 천재이자 탁월한 정치인
대한민국 임시정부 부주석

"본래 우리의 독립은 평화회의나 모종의 유력한 단체로부터
승인을 받던지, 첩지帖紙를 내어주듯 할 것이 아니오.
우리의 최고기관으로부터 각 단체 또는 전 민족의
합심과 준비 여하에 달렸나니, 이것이 있으면 우리에게 독립이 있고,
그렇지 않으면 우리에게는 파멸이 있을 따름이오."

- 상하이 연설 중에서

1881년 출생
1894년 한성 관립영어학교 1기생 입학
1896년 로녹대학교 영문학 학사
1903년 프린스턴대학교 영문학 석사
1919년 1월 파리 강화회의에 한국 대표로 파견
1948년 4월 김구 선생과 함께 남북협상 참여

김규식은 독립운동사 전체를 통틀어 그 누구보다 현실을 냉철하게 바라봤던 엘리트 석학으로 손꼽힙니다. 기록에 따르면 8개 국어를 유창하게 구사했던 어학의 천재였으며, 미국 프린스턴대학에서 영문학 석사학위를 취득했습니다. 미국 유학 시절에는 러일전쟁과 일본의 승리를 예견했고, 연세대학교에서 교수로 활동하다 언더우드의 비서로 신앙생활을 했습니다. 그러나 그의 유년 시절은 슬프다 못해 매우 비참했습니다.

김규식이 그토록 냉정하게 세상을 바라보고 공부에 전념했던 이유가 무엇일까요? 가난한 삼촌들은 두세 살 아이가 영양실조와 열병에 걸려 죽을 지경이 되었는데도 뒷방에 눕히고 병풍을 쳐놓았다고 합니다. 당시 언더우드 목사는 아이가 제대로 보호받지 못하고 있다는 소문을 듣고 분유와 약을 가지고 강원도까지 찾아갔는데, 굶주린 아이가 울면서 벽지를 뜯어먹고 있었다고 합니다. 이 모습을 본 언더우드 목사는 아이를 자신의 고아원으로 데려가서 키우기로 합니다. 이 아이가 바로 김규식입니다.

언더우드가 운영하는 고아원에서 영어, 수학, 라틴어, 신학, 과학을 배운 김규식은 날로 총명해졌습니다. 그렇게 우리 독립운동사의 큰 별이 성장하고 있었습니다. 그러나 부모 없는 자식이라 차별하는 냉담한 현실과 어른들을 보며 점점 냉철하고 현실적인 인물이 되었습니다.

한편 일제는 식민통치 체제의 안정을 위해 민족주의자들을 대대적으로 탄압하기 시작했습니다. 1910년 12월 황해도 지역에서 일어난 안악 사건을 이용해 민족주의자 탄압에 나섰고, 이듬해에는 신민회를 겨냥한 '데라우치 총독 암살 음모 조작 사건'을 벌였습니다. 안악 사건을 빌미로 일제는 김구 선생을 체포했으며, 데라우치 암살 사건을 빌미로 105명의 민족주의자들을 체포했습니다.

이로 인해 독립운동 기반이 붕괴하자, 많은 애국지사들이 독립운동을 위해 해외로 망명하게 됩니다. 김규식도 호주로 유학을 간다고 속이고 중국 상하이로 떠났습니다. 그곳에서 신채호, 조소앙, 박은식 등과 함께 박달학원을 설립하여 젊은이들에게 민족교육을 가르쳤습니다.

김규식은 박달학원에서 영어를 가르쳤습니다. 1917년 7월 '김성金成'이라는 가명으로 신규식, 조소앙, 박은식 등과 함께 '대동단결선언'을 발표하여 국내외 독립운동 세력의 통합과 단결을 통한 임시정부 수립을 제안하기도 했습니다.

이 시기에 국제정세는 크게 변화하고 있었습니다. 1차 세계대전에서 폭압적이고 착취적인 식민주의와 제국주의는, 정의와 평화를 주창하는 인도주의와 민족주의의 도전을 받게 된 것입니다. 1918년 윌슨 미국 대통령이 '민족자결주의'를 선언하자, 상하이의 독립운동가들과 애국지사들은 드디어 때가 왔다고 생각하고 독립운동을 일으킵니다.

그해 8월 여운형, 조소앙 등은 신한청년당을 조직하여 독립운동을 추진했고, 파리 강화회의에 한국 대표를 파견했습니다. 이때 영어와 프랑스어에 능통한 김규식도 선발되었습니다. 당시 그는 독립운동가 김순애와 결혼한 직후였습니다. 김규식은 2월 1일 출발하여 3월 13일에 파리에 도착했습니다. 파리에 도착해서 3·1만세시위가 일어났다는 소식을 들었을 때 얼마나 가슴이 벅찼을까요.

김규식은 파리 샤토당가에 한국 대표관을 개설하고 한국의 독립을 요구하는 외교활동에 들어갔습니다. 대한민국 임시정부는 그를 외무총장(외교부장관) 겸 강화회의 파리 대표위원으로 임명했습니다. 김규식은 파리위원부에 통신국을 병설하고 회보를 발간하여 각국 대표들과 언론사 및 주요 기관에 배포하여 3·1만세운동과 한국의 독립운동에 관한 소식을 세계만방에 알렸습니다. 뿐만 아니라 강화회의에 「일본으로부터 해방 및 독립국가로서 한국의 재편성을 위한 한국 국민과 민족의 주장」이라는 공고서와 비망록을 제출했습니다. 이 글에서 김규식은 역사적 사례와 국제관계, 국제법 등을 들어가며 일제의 침략행위를 비난하고 한국 독립의 당위성을 주장했습니다.

비록 열강들의 비협조적인 태도로 말미암아 한국의 독립 문제는 상정되지 못했지만, 그의 독립을 위한 외교활동은 파리 강화회의가 끝난 뒤에도 이어졌습니다. 즉 「한국의 독립과 평화」라는 책자를 발간하고, 각국 대표들을 방문하여 3·1만세운동 이후의 한국 상황을 전하며 아시아의 평화를 위해 한국 독립의 중요성을 알리고자 했습니다.

그 후 김규식은 제국 열강을 향한 호소를 포기하고 피압박 국가 간의 연합이 중요하다고 생각했습니다. 이에 따라 중국의 항일운동 세력과 연합하는 길을 모색했습니다. 또한 조소앙, 김원봉과 함께 민족혁명당을 창당하고, 임시정부 부주석으로서 주석 김구 선생과 함께 독립운동을 이끌었습니다.

1945년 광복 이후 김규식은 신국가 건설의 기초를 마련하는 데 힘썼으며, 특히 남북 양쪽에서 단독정부를 수립하려는 움직임이 가시화되자 이를 막기 위해 혼신의 힘을 기울였습니다. 김구 선생과 함께 민족 분단으로 치닫는 역사의 물줄기를 바로잡기 위해 1948년 4월 북쪽으로 가서 남북협상에 참여했습니다. 그럼에도 불구하고 남북한이 따로 단독정부를 수립하자, 그는 민족 분단의 비극을 우려하지 않을 수 없었습니다.

1950년 6월 25일, 결국 우려하던 일이 터집니다. 한국전쟁이 일어난 것입니다. 그 와중에 김규식은 납북되어 그해 12월 10일, 김일성에 의해 숙청되었습니다.

2001년 6월의 독립운동가

나창헌 羅昌憲

1896. 1. 29 ~ 1936. 6. 26

조선의 의사, 일본 총영사관에 폭탄을 던지고 독립운동에 뛰어들다

"우리 독립은 우리의 사활 문제임은
췌언贅言을 기다릴 것이 없을 것이며, 우리들의 독립은
총과 검과 혈이 아니면 성공할 수 없다. 고로 우리들은
금후 한 사람이 될 때까지 최후의 일각까지 철과 혈로써
저 간악하고도 악독한 왜구倭仇를 배제할 것이다."
– 선생이 조직한 철혈단의 선언서 중에서

1896년 출생
1919년 청년외교단, 대동단 조직·활동
1922년 한국노병회 활동
1925년 대한민국 임시정부 경무국장, 내무차장 등 역임
1926년 병인의용대 활동
1936년 서거

사람은 대개 자신이 무엇을 좋아하고 무엇을 싫어하는지, 살아가면서 가치 판단을 하게 되는데 이러한 가치 판단은 개개인의 소양으로 이어집니다. 독립운동사에서는 이러한 소양과 인식의 차이가 외교 독립운동, 무장 독립운동, 민족 실력 양성운동 등의 갈래로 나타났습니다. 사람이 자신의 소양을 뛰어넘을 때, 그리고 그것이 국가를 위한 일일 때 역사에 이름을 남기게 됩니다. 더욱이 그런 행동이 안정된 미래와 안락한 삶을 포기하고 이루어졌을 때 그 삶은 더욱 빛날 것입니다. 우리 독립운동사에도 그런 인물들이 있습니다.

독립운동에 투신한 의료계 인사는 155명이며, 독립운동 유공 포상을 받은 사람은 67명입니다. 나머지 분들은 여러 가지 이유(대부분 자료 부족)로 공훈을 인정받지 못했지만 엘리트층에 속하는 의료계와 법조계의 사람들이 누구보다 독립운동에 앞장섰다는 사실은 오늘날의 우리에게 묵직한 메시지를 전해줍니다.

나창헌은 의사 출신의 독립운동가입니다. 그리고 독립운동에 심취하여 그 어떤 의료계 종사자보다 과격한 의열투쟁을 전개했다는 점에서 그 특이점이 있습니다.

1919년 경성의학전문학교 2학년이었던 그는 의사 선배들과 함께 3·1운동 추진 계획에 참여합니다. 그를 포함하여 서울의 학생 대표들은 2월 25일 서울 정동교회 이필주 목사의 방에 모여 3월 1일 독립선언에 대해 논의했습니다. 만세시위에 참여했으나 가까스로 일제의 검거를 피한 그는 대한민국청년외교단을 결성했습니다. 그와 뜻을 함께 한 학생 대표들은 전국적으로 확산되어가는 3·1운동을 대한민국청년 외교단을 통해 지원하고 대한민국 임시정부에 국내의 상황을 보고했습니다.

1919년 5월, 나창헌은 상하이에 있는 임시정부에 독립운동 자금을 전달하고 특수 임무를 맡았습니다. 이때부터 그는 더 이상 평범한 의사가 아니었습니다. 진정한 독립투사가 된 거죠. 그는 고종의 아들 이강과 김가진의 국외 탈출 계획을 추진하여 김가진을 그 해 10월에 상하이로 탈출시키는 데 성공했습니다. 그 후 이강을 변장시켜 중국 안동安東역까지 동행했으나 일경에 적발되면서 망명 추진 계획은 실패합니다.

그런데 왜 그들을 상하이로 탈출시켰을까요? 그것은 한국의 왕족과 귀족을 해외로 망명시켜 이들도 일제 식민통치에 반대한다는 사실을 전 세계에 알리려는 목적이었습니다. 민족의 독립의지를 전 세계에 호소하려 했던 것입니다.

하지만 나창헌은 3·1만세시위 같은 비폭력운동의 한계를 절감하고 무력으로 나라를 되찾기 위한 의열투쟁을 시작합니다. 1920년 봄 그는 동지들과 뜻을 모아 '철혈단'을 결성했습니다. 철과 혈로 독립을 쟁취한다는 뜻입니다. 철혈단은 꾸준히 암살·파괴활동을 벌였고, 1925년 정위단을 조직하여 독립운동가를 사칭하여 동포들의 금품을 강탈하는 자들을 처단했습니다. 그 후 정위단을 기반으로 병인의용대를 결성하여 실추된 임시정부의 권위 회복 및 의열투쟁에 매진합니다.

그의 이름이 역사에 남게 된 것은 병인의용대 대원들을 지휘하여 일본총영사관을 공격한 사건 때문입니다. 비록 총영사관을 폭파한다는 계획은 실패했지만 건물 유리창이 깨지고 부속 창고와 건물들이 크게 파괴되었습니다. 이 사건은 한국 민족의 독립의지를 세계만방에 알리는 데 큰 기여를 했습니다.

그 후에도 나창헌은 친일 밀정들을 처단하는 활동을 벌였지만 위암에 걸려 40세의 나이로 상하이에서 순국하셨습니다.

2002년 1월의 독립운동가

곽재기 郭在驥

1893. 2. 7 ~ 1952. 1. 10

김원봉, 윤세주와 함께
만주 지린성에서 의열단 조직

"민중은 우리 혁명의 대본영이다. 폭력은 우리 혁명의 유일 무기이다. 우리는 민중 속에 가서 폭력, 암살, 파괴, 폭동으로써 강도 일본의 통치를 타도하고, 우리 생활에 불합리한 일체 제도를 개조하야 인류로써 인류를 압박치 못하며, 사회로써 사회를 박삭剝削치 못하는 이상적 조선을 건설할지니라."

- 의열단 선언

1893년 출생

1909년 대동청년당 가입

1919년 3·1만세운동 참여, 의열단 창설 멤버

1920년 식민통치 기관(조선총독부, 동양척식주식회사) 폭파 시도

1952년 서거

곽재기는 대동청년당에 가입하면서 독립운동에 본격적으로 뛰어든 것으로 보입니다. 대동청년당은 신채호의 지도로 애국 청년들이 중심이 되어 조직한 국권 회복 운동 단체였는데, 곽재기는 1909년에 이 단체에 가입하여 활동했습니다.

곽재기는 학교를 졸업한 후 청주 청남학교 교사로 근무하면서 민족교육에 힘썼습니다. 그러던 중 1919년 3·1만세시위가 일어나자 그도 참가했습니다.

그러나 만세시위운동의 한계를 느낀 그는 만주 지린성으로 떠났습니다. 그곳에서 약산 김원봉을 만나게 됩니다. 두 사람은 만나자마자 서로 의기투합하여 의열단을 조직했습니다. 의열단이라는 이름은, "천하의 정의正義의 사事를 맹렬猛烈히 실행하기로 함"이라고 하는 강령 제1조에서 따왔다고 합니다. 즉 정의의 '의義'와 맹렬의 '열烈'을 따서 의열단이라고 명명한 것입니다. 정의를 위해 맹렬히 투쟁하자는 의미입니다.

곽재기는 폭탄 13개를 만들 수 있는 탄피와 약품, 그리고 그 부속품, 미국제 권총 두 자루, 탄환 100발을 국내에 들여오기 위해 중국 안동(오늘날의 단둥丹東)을 거쳐 경성으로 들어왔습니다. 국내에서 대규모 암살·파괴 투쟁을 전개하기 위한 무기들이었습니다. 의열단의 1차 암살·파괴활동은 곽재기가 주도했기 때문에 '곽재기 사건'이라고도 부릅니다.

곽재기는 인사동에 머물며 여러 동지들과 함께 조선총독부, 동양척식주식회사에 대한 폭파 계획을 모의했습니다. 그러나 6월 16일 일경에게 체포되어 의열단의 1차 암살·파괴 계획은 실패로 돌아갔습니다.

당시 재판 과정을 보도한 신문기사에 따르면, 곽재기는 흰 두루마기를 입고 금테안경을 썼는데 재판 내내 웃으면서 호탕하게 임했다고 합니다. 조국 광복에 대한 강한 의지와 의열단원으로서의 자긍심과 배포를 느낄 수 있습니다.

곽재기는 3·1만세운동 때 독립선언서를 작성하여 민족의 독립을 선언하고, 독립청원서를 작성하여 독립을 청원하고, 또 독립만세를 외치며 독립을 갈구했음에도 결국 성공하지 못한 것은 우리에게 무기가 없기 때문이라고 여겼습니다. 이는 무기를 이용한 혈전血戰, 즉 의열투쟁을 벌여야 한다는 인식으로 이어졌습니다.

1921년 6월 21일 곽재기는 경성지방법원에서 동지인 이성우와 함께 징역 8년을 선고받았습니다. 1930년에 출옥하자마자 국외로 망명하여 만주, 상하이, 노령 등지에서 독립운동을 계속했습니다. 1945년 8월 드디어 광복을 맞았을 때 그는 감격의 눈물을 흘렸습니다. 그 눈물이 얼마나 뜨거웠을지 상상이 됩니다.

[특집 3]

조국을 위해 기득권을 버린 위대한 가문 첫 번째

독립운동가 이회영李會榮

(1867. 3. 17 ~ 1932. 11. 17)

봉건 타파부터 항일투쟁까지,

집도 몸도 넋도 모두 조국에

"이보게 뱃사공, 내 이 돈을 전부 줄 테니 한 가지 부탁하세. 앞으로 수많은 조선의 젊은이들이 이 강을 건너올 걸세. 그때 그들을 잘 부탁하네."

1867년 출생

1905년 을사늑약 무효운동 전개, 을사오적 암살 모의 실패

1906년 서전서숙 설립 참여

1910년 여섯 형제와 만주로 망명

1911년 경학사 조직

1912년 신흥무관학교 설립

1932년 밀정에 의해 체포, 고문 중 순국

한국의 독립운동사를 정리하다 보면 다른 나라에서 보기 드문 독립운동가들의 행적을 볼 수 있습니다. 이회영의 경우도 그중 하나입니다. 세계 어떤 역사를 보더라도 높은 신분에 천문학적인 부를 축적한 가문이 전 재산을 털어 나라를 위해 쓰고 정작 자신들은 굶어 죽는 경우는 찾아볼 수 없습니다.

한국 독립운동의 특징

① 단식투쟁으로 순국 ⇨ 애국심과 국가관으로 단식투쟁 순국 (박재혁)

② 나라를 빼앗긴 날(경술국치) 자결 ⇨ 홍범식, 황현, 장태수, 김도현, 이만도, 김석진, 송병순

③ 기득권을 버린 위대한 가문 ⇨ 노블레스 오블리주(이회영, 이상룡, 허위)

④ 10대에 독립운동 시작 ⇨ 어린 나이에 독립운동(동풍신, 유관순, 유동하)

⑤ 신체적으로 약한 아녀자의 몸으로 독립운동 ⇨ 여성 독립운동가들

⑥ 의열단(김상옥, 김원봉, 윤세주 등)

⑦ 가난하고 불우한 가정환경 ⇨ 의병부대 창설한 지도자들

이회영은 오성과 한음의 이야기에 나오는 이항복의 11대 후손이고, 당시 10대 부자 안에 들었던 명문가 출신입니다. 그런 이회영과 그의 형제들의 삶은 한국판 노블레스 오블리주의 본보기입니다. 과감하게 기득권을 버리고 높은 지위에 걸맞은 사회적·도덕적 책무를 다한 집안이기 때문입니다. 그리고 말 그대로 매국노 이완용과는 대척점에 있는 인물이기도 합니다.

이회영을 포함한 여섯 형제 중 다섯 형제가 순국했으며, 전 재산을 급매하여 독립자금으로 사용했습니다. 이회영은 가족들을 이끌고 만주로 가서 신흥무관학교를 세웠습니다. 이곳에서 3500명의 독립군 간부를 길러냈으며 이들에게 학비와 식비를 무료로 지원했습니다. 또한 이회영이 압록강을 건너 만주로 갈 때 뱃사공에게 거금을 주며 앞으로 조선의 수많은 청년들이 뜻을 품고 이 강을 건널 것이니 그들을 도와달라고 당부했습니다.

1910년 일본이 한국을 강제병합하자 이회영의 형제들은 나라의 국운을 상의하기 위해 한자리에 모였습니다. 이 모임에서 그들은 만장일치로 전 재산을 팔아 조국의 독립을 위해 쓰기로 결정합니다. 여섯 형제 가운데 한 명도 이 결정에 반대하지 않았다는 사실이 너무나 놀랍습니다. 오늘로 치면 2조 원이나 되는 돈을 전부 독립운동을 하는 데 쓴다? 과연 여러분이라면 그럴 수 있겠습니까? 이회영과 그의 형제들은 독립군 간부를 양성하는 일에 앞장서면서 극심한 가난에 시달렸고, 나중에는 하루에 죽 한 끼조차 먹기 힘든 상황이 됩니다.

여섯 형제 중 첫째인 이건영의 둘째 아들은 신흥무관학교를 졸업한 뒤 상하이에서 독립운동을 하다가 죽었습니다. 셋째 아들은 만주에서 독립운동을 했고, 공군 대위로 복무하던 중 한국전쟁 때 실종되었습니다.

재산이 가장 많았던 둘째 이석영은 신흥무관학교와 경학사 그리고 망명한 독립운동가들의 생활비를 지원하다 상하이에서 굶어 죽었으며, 그의 장남은 밀정 김달하와 박용만을 암살하는 등 독립운동에 전념하다 20대의 나이에 사망했습니다.

신흥무관학교 교장을 셋째 이철영은 영양실조로 인한 지병으로 사망했고, 넷째 이회영의 셋째 아들은 친일파 암살 사건으로 일경에 체포되어 13년 동안 감옥살이를 했습니다. 만주와 베이징에서 독립운동을 하던 여섯째 이호영은 두 아들과 함께 실종되었습니다.

여섯 형제 중 유일하게 이시영만이 해방 후 고국으로 돌아올 수 있었습니다. 이시영은 대한민국 임시정부에 참여했으며, 해방 후에는 부통령을 지냈습니다. 이승만 대통령의 독재에 반대하여 부통령직을 사임했을 만큼 시대와 타협하지 않고 가문의 명예를 지켰습니다.

다시 이회영의 이야기로 돌아가보면, 대부분의 독립운동가들은 임시정부에서 활동하거나 간접적으로 연결되어 있었습니다.

이회영은 명문가 출신임에도 불구하고 모든 사람은 평등하고 자유롭다는 아나키즘 사상에 심취하여 임시정부 수립에 대해서는 회의적인 시각을 가지고 있었습니다. 왜냐하면 임시정부 같은 정부조직이 생기면 대통령, 국무총리, 의원 자리를 놓고 독립운동가들 사이에 파벌이 생길 거라고 염려했기 때문입니다. 그리고 그의 예상대로 역사는 흘러갑니다.

이런 상황에서 끝까지 조국의 독립을 위해 활동했던 이회영은 1932년에 밀고자에 의해 체포되어 모진 고문을 당했습니다. 66세의 고령인 데다 이미 영양실조로 망가진 몸이라 고문을 견디기 힘든 상태였습니다. 더욱이 신흥무관학교를 세운 사람이었으니 그 고문이 얼마나 심했겠습니까. 결국 이회영은 조국의 광복을 보지 못하고 옥중에서 순국하셨습니다. 고통에 시달리던 한국인들은 독립운동사에 빛나는 별 하나를 잃고 땅을 치며 통곡했습니다.

"생과 사는 다 같이 인생의 일면인데 죽음을 두려워해서야 무슨 일을 하겠는가. 이루고 못 이루고는 하늘에 맡기고 사명과 의무를 다하려다가 죽는 것이 얼마나 떳떳하고 가치 있는 일인가?"

2002년 5월의 독립운동가

송학선 宋學先

1897. 2. 19 ~ 1927. 5. 19

서대문형무소에서 순직한 조선의 청년,
끝까지 의연함과 기개를 지키다

"일제의 총독을 처단하리라."

1897년 출생

1926년 사이토 총독 처단 기도

1927년 5월 19일 금호문 사건으로 사형 순국

1926년 아직 찬바람이 부는 3월. '수리 중'이라는 글귀가 붙어 있는 경성사진관. 이곳 부엌에 서양식 칼 하나가 떨어져 있는 것을 송학선이 발견하고 이렇게 말했습니다.

"내가 사이토 총독을 죽이고자 하는 소망을 몇 해 전부터 품어왔으나, 좋은 칼이 없는 것이 한이었다! 오늘 이 칼을 얻은 것은 하늘이 주신 것이다."

손잡이가 희고 길이는 15센티미터 정도 되는 고급 과도였습니다. 송학선은 이 과도를 숫돌에 갈아 미닫이 창틀 위에 두었습니다. 순종이 승하했다는 소식을 듣고 비통함을 참지 못한 그는 곧바로 창덕궁으로 달려가서 망곡대열에 참여했습니다. 그곳에 모인 사람들 모두가 마치 부모가 죽은 것처럼 슬퍼하며 울부짖었다고 전합니다.

순종의 빈소는 창덕궁 안에 마련되었는데, 빈소 출입문을 금호문이라고 부릅니다. 금호문은 창덕궁의 서남쪽 문이었습니다. 송학선은 총독부의 고관들이 이 문으로 출입하는 것을 우연히 보고서는 이곳에서 기다리면 언젠가 조선총독도 들어올 것이라고 생각했습니다. 그동안 가슴속에 품었던 총독 처단의 꿈이 드디어 눈앞에 다가왔다고 여겼습니다.

금호문 앞에서 잠복해 있던 송학선은 오후 1시경 일본인 3명이 탄 자동차가 창덕궁으로 들어가는 것을 보았습니다. 총독 차량이라고 판단한 그는 자동차가 금호문을 나올 때 번개같이 뛰어올라 그 자리에서 2명을 척살했습니다. 기마 순사와 서대문경찰서 순사 오필환도 그를 뒤쫓았다가 척살당했습니다. 하지만 곧 송학선은 체포되었습니다. 이때 일경은 비겁하게도 송학선의 몸을 묶은 뒤 칼로 찔렀습니다.

나중에 자동차에 타고 있던 일본인 2명이 총독 일행이 아니었다는 것을 알고 송학선은 통분을 금치 못했다고 합니다. 물론 그 두 사람도 조선인들에게 수많은 악행을 저지른 자들이었습니다.

송학선은 경성지방법원에서 재판을 받았습니다. "피고는 어떤 주의자인가? 사상가인가?"라는 재판관의 물음에 송학선은 이렇게 대답했다고 합니다.

"나는 주의자도 사상가도 아니다. 아무것도 모른다. 다만 우리나라를 강탈하고 우리 민족을 압박하는 놈들은 백 번 죽여도 마땅하다는 것만은 잘 알고 있다. 그러나 총독을 죽이지 못한 것이 저승에 가서도 한이 되겠다."

1927년 5월 19일 송학선은 결국 형장의 이슬이 되었습니다.

2003년 6월의 독립운동가

김경천 金擎天

1888. 6. 5 ~ 1942. 1. 2

연해주에서 항일운동에 앞장선 전설적인 장군

"낙엽이 지기 전에 무기를 준비하여 압록강을 건너고 싶다."

- 김경천 장군

1888년 출생

1904년 일본 육군사관학교 입학

1919년 신흥무관학교 교관

1936년 스탈린에 의해 간첩죄 체포

1939년 다시 스탈린에 의해 간첩죄 체포

1942년 서거

김경천은 일제강점기 최고의 무장 독립운동가 중 한 명이었습니다. 김좌진 장군은 독립운동에 기여한 공을 인정받아 최고훈장인 대한민국장을 받았고, 홍범도 장군은 공산당에 가입한 이력 때문에 한 등급 낮은 대통령장을 받았습니다. 김경천 장군은 '수수께끼 인물'이라는 이유로 어떤 훈장도 받지 못했습니다. 그리고 우리 역사에서, 교과서에서 잊혀져왔습니다. 김경천의 별명은 '백마 탄 김 장군' 혹은 '진짜 김일성'인데 북한의 김일성이 김경천 장군의 업적을 가로채 이름을 바꿨다는 설이 있습니다. 바로 그 논란의 중심에 있는 전설적인 인물이 김경천입니다.

2005년에 김경천의 일기인 『경천아일록擎天兒日錄』이 발굴되었습니다. 이 일기의 가치에 관해 한 학자는 이렇게 말했습니다.

"『경천아일록』의 발굴은 독립운동사를 새로 쓰게 만들 획기적인 사건이다. 김경천의 『경천아일록』은 김구의 『백범일지』, 이순신의 『난중일기』에 버금가는 가치 있는 것이다. 한국 5천 년 역사에서 장군이 적과 싸우면서 직접 기록한 것은 『난중일기』와 『경천아일록』이 있을 뿐이다. 그런 일은 세계사에도 드문 일로 카이사르의 『갈리아 전기』 정도를 들 수가 있을 것이다."

1904년 김경천은 열여섯 살에 관비 유학생으로 선발되어 일본으로 가게 되는데 아버지와 형은 공업을 배우라고 했지만 장군은 나폴레옹 책을 읽고 크게 감동받고서는 일본 육군사관학교에 들어갔습니다. 일본 육군사관학교는 고등학교 과정과 대학교 과정으로 편성되어 있었는데, 그 학교를 졸업한 조선인은 100여 명에 이르지만 두 과정을 모두 정식으로 마친 사람은 김경천이 유일합니다.

일본 육군사관학교에서 조선인 생도들은 일본인 생도와 교관으로부터 온갖 설움을 받아야 했습니다. 마치 나폴레옹이 프랑스의 식민지 출신이라는 이유로 육군사관학교에서 설움을 받았던 것처럼 말입니다. 하지만 김경천은 선망을 받으며 공부했습니다. 아마도 그가 다닐 때는 조선인이 단 한 사람이었기 때문으로 생각됩니다.

김경천은 최우등으로 육군사관학교를 졸업했습니다. 일본 육군사관학교를 졸업하면 군복무 의무가 있는데 유학생 신분인 그에게는 해당하지 않았습니다. 김경천이 졸업을 앞두고 일본군 장교가 되지 않겠다고 하자 조선총독 데라우치가 직접 찾아와서 그에게 임관을 권유했다고 합니다.

김경천은 "독립전쟁을 벌이려면 육군사관학교를 졸업한 것만으로는 안 된다. 일본군 장교가 되면 군사기밀을 알아낼 수 있다"는 계산으로 그의 권고를 받아들였습니다. 예나 지금이나 공무원으로 임명되려면 보증인이 필요한데 일본군 소위는 워낙 높은 자리라 후견인이 있어야만 했습니다. 김경천은 일본제국의 기대를 한 몸에 받고 있었기 때문에 일본 천황이 소위로 임관되는 그의 후견인이 되었습니다. 그리고 그는 도쿄 제1사단에 배속되었습니다.

이름에서 유추할 수 있듯이 이 사단은 박정희, 전두환, 노태우 정부

시절의 경복궁 부대처럼 최고 엘리트 장교들이 근무하던 부대였습니다. 장군은 도쿄 제1사단에 근무함에 따라 일본 최고 지성인들과 접하면서 당대 최고 지성인이 되었으며, 일본제국의 속사정을 훤히 파악하게 되었습니다.

1919년 3월 김경천은 조국에서 벌어진 3·1운동 소식을 들었습니다. 이에 감격한 그는 때가 왔음을 깨닫고 독립운동에 동참하기 위해 탈영했습니다. 그러자 일본군 상층부는 '큰일 났다!'며 5만 엔의 현상금을 걸고 수배령을 내렸습니다(당시 중국의 전설적 독립투사인 양징위楊靖宇의 현상금은 2만 엔이었습니다).

일본 기무사는 그의 부인 유정화를 잡아들여 조사하면서도 깍듯이 대우했다고 합니다. 아마 김경천의 부인을 조사하되 정중히 대우하라고 지시할 만큼 탈영한 장군에게 연민과 미련을 버리지 못했던 것으로 보입니다.

탈영한 장군이 간 곳은 신흥무관학교였습니다. 그곳에서 지청천 장군을 만나 독립군 간부를 양성하는 데 참여했습니다. 이 소식이 국내에도 전해지자 3·1운동으로 격앙된 젊은이들이 학업을 중단하고 신흥무관학교로 찾아오는 사태가 일어났습니다. 이에 크게 당황한 일제는 온갖 방법을 동원하여 김경천에 관한 유언비어를 퍼뜨리고 각종 음모와 공작을 벌였습니다. 이로 인해 중국인들과 갈등이 생기자 김경천은 신흥무관학교 운영에 지장을 주지 않기 위해 러시아 블라디보스토크로 갔습니다.

러시아! 그 추운 곳에서 김경천은 연해주의 전설이 됩니다. 당시 러시아는 홍백전쟁이라 불리는 내전이 벌어지고 있었습니다. 김경천은 홍군 정부의 양해를 얻어 조선의 젊은이들을 모아 군사훈련을 시켰습니다. 이유는 단순합니다. 일본군이 백군을 도와 연해주를 공격했으니까요.

1920년 4월, 일본군이 블라디보스토크를 점령했습니다. 이에 김경천은 수청 지방(연해주 파르티잔스크)으로 피신했는데, 이곳은 한인들이 많이 거주하는 빨치산들의 근거지 같은 곳이었습니다. 국제관계상 이곳까지 들어올 수 없었던 일본군은 중국인 마적들을 사주하여 한인들을 약탈하고 죽였습니다. 그러자 김경천은 학생 30여 명에게 군사훈련을 시킵니다. 이 소년 부대가 마적들과 싸워 번번이 이기자 어른들까지 몰려들어 장군의 부대는 수백 명으로 늘어났습니다. 결국 장군의 부대가 수청 지역의 마적 근거지를 공격해 점령함에 따라 그 지역에서 마적들은 완전히 사라졌습니다.

당시 일본군 수뇌부는 휘하 부대에 "김경천 부대를 만나면 맞서 싸우지 말고 피하라"는 특별지시를 내렸으며, 러시아 홍군 총사령관 우보레비치는 앞으로 한국의 독립전쟁에 물심양면으로 협력하겠다고 약속했습니다. 실제로 우보레비치는 연해주 지역의 한인과 러시아인으로 구성된 유격부대 사령관으로 김경천을 임명했습니다.

1923년 상하이에서 임시정부를 개편하기 위한 국민대표회의에서 김경천은 군사 담당 국무위원으로 내정되었습니다. 그러나 창조파의 신정부 수립은 국내외 단체들의 반발에 부딪혀 좌절되었고, 나라 없는 신세인 한인들이 서로 분열되어 대립하면서 독립운동사에 암흑기가 찾아옵니다.

소련에서는 레닌이 뇌출혈로 죽은 후에 스탈린, 트로츠키 두 파로 나뉘었습니다. 권력 투쟁에서 승리한 스탈린은 독재정권을 굳히기 위해 160만 명의 당원과 3만 5천 명의 장교를 숙청했습니다. 이때 김경천의 후견인이었던 우보레비치도 숙청당했습니다. 그리고 김경천은 간첩죄로 체포되어 감옥에 갇힙니다.

연해주 조선인들의 강제 이주 때 김경천의 가족도 카자흐로 끌려갔습니다. 이때 20만 명의 조선인들은 이주하는 과정에서 모진 고생을 했습니다. 카자흐에서 가족과 재회한 김경천은 자신 때문에 고생하는 아내에게 미안한 마음을 금할 수 없었습니다. 그런 아내의 고생에 보답하기 위해 아내 대신 집단농장에서 일했습니다. 김경천은 카자흐의 한인 사회에서 절대적 존재로 떠올랐던 것 같습니다. 한때 스탈린으로부터 두 번이나 훈장을 받았던 그는 소련 당국에게 두려운 존재였습니다. 결국 김경천은 간첩죄로 유죄판결을 받고 강제노동수용소 8년형을 선고받게 됩니다.

김경천과 함께 수용소 생활을 했던 사람의 증언에 따르면 장군은 당당하고 자유롭게 행동하여 재소자들로부터 존경을 받았다고 합니다. 1942년에 김경천은 다시 한 번 소련 북동쪽 끄트머리로 이감되었고, 그곳에서 돌아가셨습니다. 하지만 사망 원인은 알 수 없습니다.

당국은 심장질환으로 인한 사망이라고 말했지만 김경천의 가족에 따르면 총살을 당했다고 합니다. 장군이 스탈린 당국에 두려운 존재였다는 점을 감안한다면 총살설이 맞을 것으로 보입니다.

2003년 7월의 독립운동가

채기중 蔡基中

1873. 7. 7 ~ 1921. 7. 9

**김좌진 장군과 함께 광복단을 조직하고,
친일파를 처단하다**

"옛 왕국을 회복하기 위해
의로운 사람들과 사귀어왔네
죽겠노라 맹세가 하늘과 해를 뚫나니
오만 가지 형벌인들 몸을 사리랴.

- 선생이 옥중에서 남긴 시

1873년 출생

1915년 대한광복회 참여

1917년 친일파 장승원 처단

1921년 서대문형무소에서 사형 순국

채기중이 살던 곳에는 일본군이 주둔하고 있어 그도 어려서부터 일본군에 의해 곤욕을 치르곤 했습니다. 남이 억울한 일을 당하는 것을 보면 참지 못할 만큼 의협심이 강했으며, 서당에서 한학을 배워 한문 실력이 뛰어났습니다. 무려 76편의 한시를 지을 만큼 한문의 경지가 높았습니다.

채기중은 경상북도 영주로 이주한 뒤부터 본격적으로 독립운동에 뛰어들었습니다. 당시 영주 지역은 전국 각지에서 온 이주민들이 많았기에 독립운동을 하던 애국지사들이 정체를 숨기고 활동하기에 좋은 곳이었습니다. 채기중은 1913년에 풍기광복단(풍기는 영주의 옛 이름)을 조직합니다. 이곳에서 의열단의 전설, 조선의 쌍권총 김상옥 의사를 만나게 됩니다. 채기중과 김상옥 의사를 포함한 초기의 풍기광복단 단원들은 대부분 사회적·경제적 지위가 낮고 지극히 '평범한' 사람들이었으나 나라를 사랑하는 마음만큼은 누구보다 강했습니다.

풍기광복단의 첫 번째 목적은 군자금의 확보였습니다. 이를 위해 채기중을 포함한 몇몇 단원들은 일본인 부호를 대상으로 활동했습니다. 채기중은 1915년에 대한광복회 조직에 참여했는데, 대한광복회는 풍기광복단이 확대 조직된 비밀단체였습니다.

당시 독립운동가들의 목표는 만주의 신흥무관학교를 포함한 독립운동 기지를 지원하고 독립군 간부를 양성하는 것이었는데, 군자금을 모집하여 해외기지를 지원하는 국내 단체가 바로 대한광복회였습니다. 물론 군자금만 모집했던 것은 아닙니다. 대한광복회에 들어온 대부분의 사람은 의병활동 경험이 많아서 친일부호 처단, 무기 구입, 독립군 양성을 병행했습니다.

대한광복회에서 군자금 모집을 담당했던 사람이 바로 채기중이었습니다. 그는 대부호들에게 나라를 위해 의롭게 쓰이는 의연금을 지원해달라는 문서를 배부했는데, 당시 식민지 권력에 안주하려는 부호들은 군자금을 내지 않았습니다. 이 때문에 그는 친일부호를 처단함으로써 경각심을 높이고자 했습니다. 하지만 친일부호를 처단하는 과정에서 조직이 드러나 채기중도 일경에 체포되었습니다.

당시 친일파 처단에 가담한 인물들은 모두 풍기광복단 출신이었습니다. 특히 친일부호였던 장승원의 처단은 가장 유명한 사건으로 친일파들에게 경각심을 불러일으켰습니다. 하지만 친일파 박용하를 처단하면서 조직이 발각되어 핵심 요원들이 체포되고 조직이 크게 흔들리게 됩니다. 이 와중에 채기중도 체포되어 사형을 선고받고 서대문형무소에서 순국하셨습니다.

2003년 8월의 독립운동가

권기옥 權基玉

1901. 1. 11 ~ 1988. 4. 19

한국 최초의 여성 파일럿

"비행사가 되어 일본으로 폭탄을 싣고 가리라."

1901년 출생

1919년 3·1만세시위운동 참여

1920년 대한민국 임시정부 활동 시작

1925년 한국 여성 최초로 비행사 자격 취득

1927년 10년 동안 중국 공군에서 항일 공중폭격 임무 수행

1988년 서거

하늘에서 한 쌍의 전투기가 비행훈련을 하는 모습이 보일 때가 있습니다. 전투기를 모는 조종사와 항공기의 낭만에 한 번쯤 파일럿을 꿈꾸거나 영화 〈탑건〉을 떠올리는 사람도 있을 겁니다. 하지만 조종사가 되기는 쉽지 않습니다. 더욱이 일제강점기에 한국인이 비행사의 꿈을 이룬다는 건 거의 불가능했습니다. 그러나 이러한 어려운 환경을 극복하고 우리나라 최초로 여성 비행사가 탄생했으니 바로 권기옥입니다. 그는 오직 조국 해방을 꿈꾸며 독립운동에 앞장섰고, 조국 독립을 위해 비행사의 길을 택했습니다.

가난한 집안에서 자란 권기옥은 네 살 위인 언니가 출가出嫁한 후 병약한 어머니를 돌보며 집안 살림까지 도맡아야 했습니다. 숭의여학교에 다니며 독립운동에 눈뜬 그는 졸업반 때 비밀결사 '송죽회'의 일원으로 활동했으며, 3·1운동이 일어나자 거리로 나가 '대한독립만세'를 외치며 만세시위를 벌였습니다. 이 일로 그는 유치장에 3주 동안 갇혔다가 풀려납니다.

이후 임시정부의 독립운동 자금을 모집하기 위해 단신으로 활동하기 시작했습니다. 주로 숭의여학교 학생들을 대상으로 독립군 자금을 모았는데, 여학생들은 긴 머리를 잘라 판 돈을 가져오거나 어머니의 패물을 팔아 돈을 마련하곤 했습니다. 그러나 그를 미행하던 경찰에 체포되어 6개월 동안 혹독한 고문을 받았습니다. 그는 거꾸로 매달린 채 기절하기를 반복하는 모진 고문 속에서도 임시정부 활동에 대해서는 끝까지 함구했습니다. 당시 권기옥을 취조한 일본인 형사 다나카는 심문조서에 "이 여자는 지독해서 도무지 입을 열지 않으니 검찰에서 단단히 다루길 바란다"라고 적었습니다.

권기옥은 출옥한 후 전국에 흩어져 있는 애국동지들과 접촉하기 위한 방편으로 평양청년회 여자전도단을 조직했으며, 전국을 순회강연하면서 비밀공작을 전개했습니다. 일제의 통치기관 폭파에 함께 해달라는 제의를 받고 숭현소학교 석탄창고에 독립단원들을 숨겨주기도 했습니다. 그 덕에 독립단원들은 폭탄을 제조하고 몸을 숨길 수 있었습니다.

1920년 8월 평안남도 경찰부 청사가 폭발하는 사건이 발생하여 임시정부에 협력한 사람들에 대한 체포령이 떨어졌습니다. 이중 권기옥도 있었습니다. 더 이상 국내에서 활동하기가 어려워지자 그는 상하이로 망명했습니다. 그곳에서 안창호 선생을 만나 임시정부에서 활동하기 시작합니다.

상하이에서 권기옥은 독립운동을 돕고, 시간강사로 일하며 학생들을 양성했습니다. 또한 독립운동을 위해서는 실력이 필요하다고 판단하여 영어와 중국어를 열심히 공부했습니다. 특히 영어를 배운 데는 이유가 있었습니다. 1917년 미국인 스미스의 비행을 보고 비행사의 꿈을 품게 되었기 때문입니다. 권기옥에게 비행은 독립운동의 일환이었습니다.

당시 임시정부는 육군 항공대 창설을 계획하고 있었기에 중국 항공학교에 한국 청년들을 추천해 비행사 양성을 추진하고 있었습니다.

권기옥 역시 임시정부의 추천서를 받았지만 여성이라는 이유로 여러 항공학교에서 입학을 거절당했습니다. 다행히 마지막으로 지원했던 윈난雲南 육군항공학교 제1기생으로 입학하여, 1925년에 비행사 자격을 취득하게 됩니다. 그 후 중국군 혁명 공군에서 한국 최초의 여성 비행사로 복무했습니다.

그러나 임시정부는 비행기를 구입할 여력이 없었습니다. 그런 현실에서 자신의 능력을 발휘할 길이 없음을 깨달은 권기옥은 중국 군대에 들어가 항일전쟁을 펼치기로 마음먹었습니다. 자신의 비행술을 독립운동에 쓰고 싶었던 그는 베이징에 있는 중국 항공대에 들어가 장제스의 국민정부에서 일했습니다. 1932년 상하이사변이 일어나자 폭격임무를 수행하기도 했습니다.

권기옥은 한국애국부인회 재건에도 참여했습니다. 한국애국부인회는 당파, 사상 등을 초월하여 총단결하여 조국의 독립을 이끌어내자는 여성단체였습니다.

1943년 여름 권기옥은 중국 공군에서 활동하던 최용덕, 손기종 비행사 등과 함께 한국 비행대 편성과 작전계획을 구상합니다. 한국광복군 비행대의 편성과 작전이 그 결실이었는데 미국과 중국에서 비행기를 지원받아 직접 전투에 참여한다는 것이 주 내용이었습니다. 권기옥은 비행기 조종사가 되어 조선총독부를 폭격하겠다던 오랜 꿈이 눈앞에 다가왔다고 생각했습니다.

그러나 해방은 독립운동가들의 꿈을 앞질러서 너무 빨리 와버렸습니다. 우리의 손으로 우리의 능력으로 서울 진공작전을 펼치려던 그 찰나에 열강의 힘으로 해방을 맞은 것입니다. 아마 권기옥 역시 김구 선생이 눈물을 흘렸던 것처럼 슬퍼했으리라 생각합니다. 우리의 손으로 조국의 독립을 이루지 못한다면 분명 그에 상응하는 대가를 치르게 될 것이기 때문입니다. 그 대가는 결국 한반도 신탁통치안으로 이어졌습니다. 나라는 다시 신탁통치에 찬성하는 찬탁과 반대하는 반탁 세력으로 갈리게 되었고, 이는 훗날 남북 단독선거와 한국전쟁으로 이어집니다.

권기옥은 한국전쟁 시기 국회 국방위원회에서 활동했던 유일한 여성입니다. 그는 전 재산을 장학사업에 기부하고 서울 장충동의 낡은 목조 건물에서 여생을 보내다 타계하셨습니다.

2004년 2월의 독립운동가

김병로 金炳魯

1887. 12. 15 ~ 1964. 1. 13

사법부의 전설적인 인물
인권변호사 출신 대한민국 초대 대법원장

"세상 사람들이 다 부정의에 빠져간다 할지라도,
우리들 법관만은 최후까지 정의를 사수해야 할 것이다.
모든 것을 정의에 입각해서 행동하지 않으면,
법관으로서는 타락이라고 볼 수밖에 없다."

1887년 출생
1919년 변호사 개업 및 독립운동가 무료 변론
1927년 좌우합작 신간회 활동 시작
1948년 대한민국 초대 대법원장
1952년 부산 정치파동으로 인해 이승만과 대립
1953년 대한민국 초대 대법원장 역임

가인街人 김병로는 모의재판대회로 우리나라 로스쿨 준비생과 졸업생들에게 잘 알려진 분입니다. 독립운동가이자 대한민국 제1대 대법원장이며, 일제강점기에 이인, 허헌과 더불어 3대 인권변호사로 유명한 분입니다. 힘든 유학생활을 거쳐 변호사가 된 김병로는 독립운동가들과 농민, 노동자들을 변호하며 법정에서 조국의 독립을 위해 싸웠습니다. 광복 이후에도 좌우를 포용하고 독재정치를 비판하면서, 할 말은 하는 모범을 보여주었습니다.

김병로는 우선 민족의 역량을 결집하기 위해 '민족주의자'와 '사회주의자' 두 진영으로 나뉘어 있던 세력들을 통합하고자 노력했습니다. 이를 위해 1927년에 창립된 좌우합작 민족운동 단체인 신간회에 가입했고, 1929년 광주학생운동이 일어나자 광주를 찾아 진상을 조사하고 일제의 부당한 처사에 항의하며 시정을 촉구했습니다.

이듬해에는 신간회 중앙집행위원장을 맡아서 신간회 해소론解消論이 대두되자 이에 반대하며 민족협동전선을 유지하려 했으나 결국 신간회는 해체되고 말았습니다. 김병로는 한때 사회주의 조직인 북풍회北風會에도 관여하는 등 좌·우의 이념에 구애되지 않고 민족의 단결과 협동을 호소했습니다. 이처럼 민족을 위해 다방면에서 활동하던 그가 일제의 감시와 탄압을 받게 된 것은 당연한 결과였습니다.

1929년 김병로가 연사로 참석하는 집회에 대해서는 금지령이 떨어졌고, 그를 비롯한 신간회 간부들이 경찰에 연행되기도 했습니다. 1931년에는 6개월 동안 변호사 정직처분을 받기도 했습니다.

해방 후 김병로는 법조인이자 정치인으로서 건국운동에 투신했습니다. 여운형의 건국준비위원회 활동에는 참여하지 않았지만 직접 좌우합작을 제의하기도 했으며, 아놀드 미군정장관이 건국준비위원회를 매도하자 이를 비판하는 논평을 내는 등 좌우 세력을 모두 포용하는 건국운동을 벌였습니다.

1946년 그는 서울에서 신탁통치를 반대하다 체포된 학생들을 변호했습니다. 1946년에는 비상국민회의 임시의장, 비상국민회의 법제상임위원장, 남조선대한국민대표 민주의원 산하경제전문위원회 위원, 민족통일총본부 간부를 역임했고, 1947년에는 도산기념사업회 발기인, 민족자주연맹결성준비위원회 위원 등을 맡으며 정부 요직에서 활동했습니다.

김병로는 1946년 미군정청 사법부 법전기초위원회 위원, 미군정청 사법부장을 지냈으며, 1947년 6인 헌법기초위원회 위원으로 활동하며 사법제도의 기초를 닦았습니다. 따라서 그가 대한민국 사법부의 첫 수장이 된 것은 당연한 결과였습니다. 1948년 8월 5일 대한민국 초대 대법원장에 임명되었고, 이 밖에도 법전편찬위원회 위원장, 법조협회 회장을 맡아 사법부의 발전을 위해 힘썼습니다.

하지만 그는 친일파 처벌을 둘러싸고 이승만 대통령과 갈등을 빚었습니다. 1949년 반민족행위특별조사위원회 특별재판부 재판관장을 맡아 민족정기 회복에 대한 강한 의지를 보이며, 반민족행위자들의 처벌은 민족적 과제임을 천명하고 신속공정한 재판을 강조했습니다.

친일파 처벌에 미온적이던 이승만 대통령이 반민법 개정을 요청했을 때에는 이를 거부한 것으로 유명합니다. 그러던 중 1950년 6월 25일 한국전쟁이 발발했고, 전쟁 도중 부인을 잃었습니다.

1952년 이승만이 일으킨 부산 정치파동에 반발했으며, 당시 이승만이 법원의 판결을 비난하자 "억울하면 절차를 밟아 항소하라"고 받아친 일화는 오늘날까지도 사법부의 전설로 남아 있습니다. 그가 초대 대법원장으로서 소장 판사들을 보호한 덕에 사법부는 비교적 독립성을 유지할 수 있었으나 후임들은 대부분 친일 판사들이 등용되었습니다. 사법부가 독재정권에 아부하게 된 탓에 진보당 사건, 사법 파동, 10월 유신을 거치면서 대한민국 사법부의 독립은 크게 훼손되고 말았습니다.

2004년 5월의 독립운동가

이애라 李愛羅

1894. 1. 7 ~ 1921. 9. 4

부부 독립운동가,
남편과 함께 조국을 선택하다

"이제는 어디 가지 마오,
내가 두 무릎으로 걸어서라도 당신을 도우리다."
- 죽기 직전 남편에게 남긴 말

1894년 출생
1919년 정의여학교 교사로 3·1만세시위 참가
1919년 한성 임시정부 활동, 국민대회 소집 참여
1920년 애국부인회에 참여하여 모금운동 전개(임시정부 지지 여성 모임)
1921년 9월 4일 고문 후유증으로 순국

이화학당 교사로 근무하던 이애라는 어떤 삶을 살았기에 충청남도 아산의 '충국순의비'에 이름이 새겨져 있을까요? 대표적인 여성 독립운동가 중 한 분인 이애라의 삶을 살펴보겠습니다.

이애라는 교사로 근무하던 중 아산 출신의 이규갑을 만나 스무 살에 결혼했습니다. 그리고 남편을 따라 공주 지역에서 교편을 잡았습니다. 그러나 남편이 독립운동에 뛰어들자 이애라도 교편을 내려놓고 남편을 뒷바라지하며 독립운동에 참여하게 되었습니다.

3·1만세시위 당시 애국부인회를 지도했으며, 일본 경찰에게 체포되어 옥고를 치렀습니다. 그러나 모진 고문도 그의 독립의지를 꺾지 못했습니다. 이애라는 석방되자마자 애국부인회의 이름으로 독립운동 자금 모금운동을 주도했습니다. 하지만 모금운동을 하던 중 일본 헌병에게 100일이 갓 지난 딸을 빼앗겼습니다. 일본 헌병은 아기를 땅에 내동댕이쳤고, 아기는 그 자리에서 즉사했습니다. 그리고 이애라는 헌병에게 끌려가서 고문을 당했습니다.

남편 이규갑은 러시아에서 한국 독립군 사관학교를 창설한 무장투쟁가였습니다. 당연히 일본 경찰의 수배 대상이었죠. 이 때문에 이애라는 수없이 남편의 행방을 추궁받으며 고문을 당해야 했습니다. 견디다 못해 아산으로 피신했지만 그곳에서도 일본 형사의 손아귀를 벗어나긴 힘들었습니다. 그러자 이애라는 러시아로 망명하기로 결심합니다.

하지만 항구에서 일본 순사들에게 붙잡힌 후 다시 고문을 받고 완전히 불구의 몸이 되어버립니다. 그래도 다행이라고 해야 할지요. 오랫동안 투옥생활을 하며 고문을 받아 몸이 망가진 상태였기에 일본 순사들은 혹시나 있을 불상사를 면하기 위해 외래 의사를 불렀습니다. 운좋게도 그 외래 의사가 이애라의 큰조카 이민호였습니다. 하지만 모르는 체하며 진찰을 마친 이민호는 경찰에게 당장 풀어주지 않으면 생명이 위험하다고 말했습니다. 그 덕에 이애라는 석방될 수 있었고, 곧바로 블라디보스토크로 떠나게 됩니다.

이애라는 구사일생으로 블라디보스토크 신한촌에 도착했지만 고문 후유증으로 사경을 헤맸습니다. 그는 극적으로 상봉한 남편에게 이렇게 말했습니다.

"이제는 어디 가지 마오. 내가 두 무릎으로 걸어서라도 당신을 도우리다."

그로부터 며칠 후 이애라는 스물일곱 살의 젊은 나이에 순국하셨습니다. 충청남도 아산의 '충국순의비'에는 이렇게 적혀 있습니다.

품성이 현숙 효순하여 범사에 관후하였다. 이화학당을 졸업하고 양육사업에 종사하다가 서기 1919년 3·1독립만세 때에 애국부인회를 지도하다가 일경에 체포되어 서울, 평양, 공주에서 옥중생활을 하였다. (……) 그 후에 부군 리규갑 씨가 독립운동을 하는 시베리아로 밀행하다가 함경북도 승가항에서 왜적에게 체포되어 가혹한 고문을 받고 순국하다.

2004년 6월의 독립운동가

문양목 文讓穆

1869. 6. 7 ~ 1940. 12. 25

미국에서 조국의 독립운동을 위해 뛰어들다

산지조종 태백산은 선왕조의 발상지라
산이던지 물이라도 선조유업이 아닌가
박산아 물어보자 고금 역사 네 알리라
대한민족의 영웅호걸 누구누구 왔다 갔나
태산같이 뜻을 세워 사욕탐심에 요동 마라
(……)
강식약육 험한 시대 청년들아 전진하라
(후렴) 내나도 네나도 네나도 내나
네나도 내나 단군의 자손
- 선생의 시 「산지조종 태백산」

1907년 3월 샌프란시스코에서 대한보국회 결성
1908년 3월 전명운, 장인환 의거 지원
1908년 7월 한인소년병학교 입교 지원 활동
1910년 12월 대한인국민회 북미지방총회 총회장

문양목의 이름을 처음 듣는 사람이 많을 겁니다. 문양목은 목화씨를 가져온 문익점의 후손입니다. 그는 탐관오리와 무능력한 정부로 인해 고통 받는 사람들을 대변하고자 동학운동에 뛰어들었습니다. 그의 부인 역시 동학농민운동에 참여했다가 전투 중에 사망했습니다.

문양목은 남은 삶을 조국에 바치기로 결심하고 하와이로 건너갔습니다. 그는 사탕수수 농장에서 일하며 독립군 자금을 모으기 시작했습니다. 동학농민운동 출신들과 함께 '대동보국회'를 결성하고 회장에 선임되었습니다. 대동보국회에서는 『대동공보』라는 기관지를 발행했는데, 이는 국내외 동포들을 대상으로 국권 회복 의식을 고취시키는 강력한 항일운동지였습니다.

1908년 3월, 대한제국 외교고문 스티븐스가 샌프란시스코에서 일본의 한국 침략은 정당하다고 발언한 내용이 신문에 보도되었습니다. 대동보국회와 수많은 독립운동 단체는 이 같은 망언을 한 자를 어떻게 처리해야 할지 대책을 강구했습니다.

공립협회와 대동보국회는 4명의 특사를 스티븐스가 투숙한 호텔로 보내 기사 내용에 대한 해명과 사과를 요구했습니다. 그러나 스티븐스는 이를 거절했고, 특사 4명은 격분하여 그를 구타했습니다. 이후 다시 대책을 논의하여 스티븐스를 처단하기로 결의했습니다. 그로부터 이틀 뒤 전명운과 장인환이 스티븐스를 처단했습니다. 두 사람이 살인죄로 기소되자 대동보국회 회장이던 문양목은 즉시 변호인단을 꾸렸고, 두 의사의 재판을 위해 후원금 마련과 변호사 교섭, 무죄 석방 호소 등의 노력을 다했습니다.

이후에도 크고 작은 사건들이 일어날 때마다 문양목은 미주 한인들과 조국의 독립을 위해 헌신했습니다. 그는 항상 검소한 생활을 하며 조국을 그리워했다고 전해집니다.

2005년 3월의 독립운동가

김복한 金福漢

1860. 7. 24 ~ 1924. 3. 29

왕세자의 스승에서
독립운동가의 길을 걷다

"의병을 일으켰으나 일을 도모함이 치밀하지 못하여
이 지경에 이르렀으니, 만약 가볍게 일으켰다고
죄를 준다면 달게 받겠다."
– 선생의 법정 진술

1860년 출생

1892년 왕세자 선생으로 등용, 문과 급제

1905년 을사늑약 무효 상소 운동

1905년 상소로 인해 일본 순사에게 체포

1906년 민종식의 홍주 지역 의병 지원

1919년 호서유림 대표로 파리 강화회의에 독립청원서 발송

1924년 순국

김복한은 명문가에서 태어났으나 불운한 어린 시절을 보냈습니다. 여섯 살 때 아버지를 여의고, 한 해를 채 넘기지 못한 채 어머니마저 세상을 떠났습니다. 이듬해 그를 돌보던 할아버지마저 돌아가시자 종조부의 손에서 자라며 학문을 배웠습니다.

김복한은 미관말직에서 시작했으나 실력을 인정받아 왕세자와 왕을 가르치는 선생이 되었습니다. 서연에서도 실력을 발휘하여 당상관으로 승진했으며 대사성, 승지를 역임했습니다. 무엇보다 왕세자 순종을 가르친 스승으로 유명합니다.

1895년 단발령이 내려지자 이에 반대하던 그는 관직을 버리고 충청남도 홍주로 내려갔습니다. 그곳에서 홍주 지역 의병을 돕는 활동을 하다가 일제에 체포되어 문초를 받기도 했습니다.

1905년 부인을 잃은 슬픔이 채 가시기도 전에 그는 을사늑약 체결 소식을 들었습니다. 이에 어릴 적 동지이자 애국운동을 함께했던 벗 이설에게 어찌 한탄만 할 수 있느냐며 유림의 뜻을 모아 연명상소를 올리자는 편지를 보냈습니다. 그러자 이설은 유림의 뜻을 모아 상소를 작성할 장소가 마땅치 않다면서 바로 서울로 올라가자며 오히려 그를 재촉했다고 합니다. 정말 유유상종이라는 말이 떠오릅니다.

김복한은 고문 후유증으로 병든 몸을 이끌고 이설과 함께 서울로 올라갔습니다. 그리고 정확히 12월 2일 상소를 올렸습니다. 상소에서 그는 을사오적을 처벌할 것과 의병을 모집하여 일본 세력을 축출하고

왕실을 회복할 것을 요청했습니다. 상소를 올린 지 이틀 만에 일본 순사에게 체포된 그는 고문을 받아 완전히 불구가 되어버립니다. 김복한은 을사오적과 같은 하늘 아래 살 수 없었던 조선의 '진정한' 관리였습니다.

이후 김복한은 1919년 3·1만세시위가 일어나자 파리 강화회의에 보내는 독립청원서를 작성·서명하는 데 참여했습니다. 총 137명이 청원서에 서명했습니다. 이 일로 인해 서명자 모두 일본 경찰에 체포되었고, 김복한도 서대문형무소에 수감됐다가 순국하셨습니다.

"나는 대대로 녹을 받은 신하의 후손으로 임금의 두터운 은혜를 입어 평소 죽음으로써 나라에 보답할 것을 마음속에 간직하고 있었다. 갑오년(1894) 6월 이후에는 시골에 칩거하여 평생 자정自靖하고자 하였더니, 지난해(1895) 8월의 대변大變(명성황후 시해사건)에 이르러서는 원통하고 통분함을 이기지 못하여 조금도 살 마음이 없던 중, 다시 11월 15일의 사변이 일어났다. 이 역시 흉악한 역신逆臣들의 소행이 아닐 수 없다. 임금의 욕됨이 이미 극에 달하였으니 신민臣民 된 자의 박절한 정이 격동하여 시세와 역량도 헤아리지 못하고 복수하고 설치雪恥할 계획을 세우고 의병을 일으켰으나 일을 도모함이 치밀하지 못하여 이 지경에 이르렀으니, 만약 가볍게 일으켰다고 죄를 준다면 달게 받겠다."

-1896년 2월 25일 김복한의 법정 진술 중에서

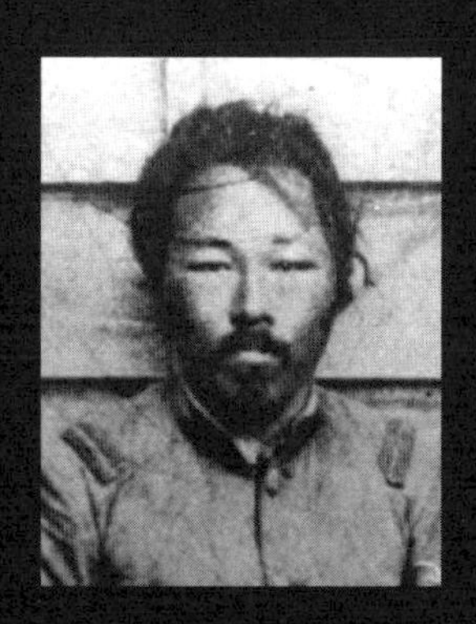

2005년 7월의 독립운동가

채응언 蔡應彥

1879 ~ 1915. 11. 4

국권 피탈 후 가장 긴 의병활동을 펼친 청춘

"헐벗은 옷 조악한 밥을 달게 여기고,
부하와 침식을 함께하며, 재물은 털끝도 범한 적이 없다."

1879년 출생
1907년 의병부대 창설
1915년 7월 일경에 체포
1915년 11월 사형 순국

역사상 가장 긴 의병활동을 보여준 의병장 채응언은 잘 알려져 있지 않은 독립운동가입니다. 8년이라는 시간 동안 의롭고 담대하며 기민하게 활동한 그는 민중의 지원을 암암리에 받았습니다. 이 때문에 일제는 그의 의병부대를 매우 두려워했습니다. 나라가 위기에 처하자 무기의 열세에도 불구하고 전국 각지에서 의병의 물결이 일어났습니다. 그 정신은 오늘날 대한민국의 군인들에게도 이어지고 있습니다.

채응언은 언제 어디서 태어났는지 기록이 남아 있지 않습니다. 역사학자들은 역사적 전후관계를 고려하여 1879년에 태어났다고 추정하고 있습니다. 출생지도 기록마다 다르지만 평안남도 성천군에서 체포되었기에 그곳에서 태어났다는 설이 유력합니다.

채응언은 의병활동을 하기 전에는 농사를 지으며 힘들게 생계를 꾸려가던 농부였습니다. 어릴 적부터 의협심이 강하고 성실하게 농사를 짓던 그는 나라가 어려워지자 낫과 호미를 내려놓고 대신 돌과 총을 들게 됩니다. 그리고 일본군을 상대로 싸우며 역사상 가장 오랜 시간 피해를 입힌 전설적인 의병장으로 변신합니다.

채응언이 열 살 되던 해, 동학농민전쟁이 일어났고, 세계 제국주의 열강들의 침탈이 노골적으로 시작되었습니다. 이런 시대적 분위기와 수탈, 그리고 을사늑약 및 을사오적의 소식에 그는 다음과 같이 말하며 의병을 일으키기로 결심했습니다.

"난신적자가 횡행하여 권세를 희롱하므로 송병준, 이완용과 같은

7적賊·5귀鬼의 살점은 2천만 동포가 모두 씹어 먹고 싶어한다."

그러나 그는 의병을 일으킬 만한 지위나 경제적 능력이 없었기에 먼저 다른 의병부대에 들어가 활동했습니다. 1907년 법정 판결문에 따르면, 그는 1907년 7월경 전병무, 서태순 등의 의병장 부대에서 활동했다는 진술이 있습니다. 그전의 활동 기록은 전무합니다. 학계에서는 이 판결문의 내용에 따라 1907년을 기준으로 그의 의병활동을 추정하는 것입니다.

채응언은 처음에는 가난한 농부로 인식되어 의병부대에서도 잡일을 도맡았습니다. 그러나 그는 금세 의병장의 눈에 띄어 포수를 모집하는 직책을 맡았고 부대장이 죽자 그 역할을 승계하여 활약했습니다.

1908년 채응언은 처음으로 자신의 의병부대를 만들었으며, 도탄에 빠진 인민을 구하고 국권을 회복하기 위해 모두가 의병이 되어 싸우자고 호소했습니다. 그의 의병부대는 최대 500명 정도였으며, 소리소문 없이 일제 건물을 파괴하고 일본군과 게릴라전을 오랫동안 벌였습니다. 특히 황해도, 함경남도, 강원도 지역을 옮겨 다니며 전투를 치렀습니다. 일제가 그의 의병부대를 진압하기 위해 보병사단을 투입하여 진압작전을 펼쳤지만 전혀 성과를 거두지 못한 것은 그의 부대가 소수정예의 유격전(게릴라전)을 효과적이고 전략적으로 잘 활용했기 때문입니다.

채응언은 의병부대의 가장 큰 문제는 무기의 열세라고 판단했습니니다. 이에 따라 먼저 일본 군경기관을 공격하여 무기를 탈취했으며 일제의 통신시설 23곳을 파괴했습니다. 또한 헌병분견소를 습격하여 보병총 13정과 탄환 5800발을 획득했습니다. 그러자 일제 헌병대는 2500발의 탄약을 소모하며 그의 의병부대를 진압하고자 했지만 크게 참패했습니다.

채응언은 인근의 의병부대와 연합작전을 펼치기도 했습니다. 그는 의병투쟁 외에도 군자금과 군수품을 조달하고 일제와 내통하거나 밀정으로 활동하는 친일파와 일진회원을 처단하는 활동을 했습니다.

이쯤 되자 일제는 수단과 방법을 가리지 않고 그를 체포하는 데 혈안이 되었습니다. 거액의 현상금이 걸렸지만 그 누구도 신고하지 않았습니다. 일제가 현상금을 내건 지 6개월이 지난 1915년 7월 5일, 채응언은 군자금을 마련하기 위해 평안남도의 부호를 찾아갔다가 변절자의 밀고로 잠복하던 일본 헌병에게 체포됩니다. 마지막까지 격렬하게 사투를 벌였지만 수적 열세를 이길 수는 없었습니다. 그렇게 8년간의 의병활동은 끝이 납니다.

채응언은 체포될 당시 자신을 붙잡은 헌병 지휘관에게 "매우 애썼구나"라고 말할 만큼 대범했습니다. 그는 구금되자마자 평양 헌병대 본부로 이송되었습니다. 당시 그의 체포는 엄청난 화제가 되었습니다. 『매일신보』에는 다음과 같은 기사가 실렸습니다.

자동차로 평양 헌병대 본부에 도착하였는데, 이 유명한 괴물을 보고자 하는 사람들이 골목골목 가득하여 시중 분잡이 대단하였더라. 채응언은 엄중히 수갑을 차였는데 보기에 한 40가량쯤 되었고 갈색 헌병복으로 튼튼한 몸을 찼으며, 사납고 겁 없고 담차고 고집 센 성질이 그 얼굴에 나타났더라. 얼굴은 포박할 때에 서로 싸운 까닭으로 난타되어 왼편 눈퉁이가 좀 상하여 거무스름하게 부어올랐더라. 곧 유치장에 구금되었는데 반듯이 드러누운 대로 꼼짝도 아니하며 이미 운수가 다하였다 하며 태연한 모양이더라.

채응언은 재판정에서도 침착한 태도를 유지한 채 당당하게 재판에 임했습니다. 이때 재판을 보기 위해 몰려든 사람이 무려 500명이 넘었다고 합니다.

[특집 4]

조국을 위해 기득권을 버린 위대한 가문 두 번째

독립운동가 허위許蔿

(1854. 4. 1 ~ 1908. 9. 27)

의병을 이끌고

항일전을 지휘한 충신

"우리 이천만 동포에게 허위와 같은 진충갈력盡忠竭力 용맹의 기상이 있었던들 오늘과 같은 국욕國辱을 받지 않았을 것이다. 본시 고관이란 제 몸만 알고 나라는 모르는 법이지만, 허위는 그렇지 않았다. 따라서 허위는 관계官界 제일의 충신이라 할 것이다."

- 안중근 의사의 허위 선생에 대한 평

1854년 출생

1896년 을미사변 후 의병부대 창설

1899년 성균관 박사, 중추원의관 역임

1904년 한일의정서, 황무지 개척권 반대 통문 전국 배포

1908년 서거

허위의 집안은 독립운동사에서 손꼽히는 명문가입니다. 병으로 죽은 둘째 형을 제외하고 첫째 형 허훈은 대학자이자 의병운동가였으며, 셋째 형 허겸도 독립운동에 목숨을 바친 독립투사였습니다. 그의 가족은 의병활동으로 인해 남한, 북한, 중국, 러시아 등지에 뿔뿔이 흩어져 고통의 세월을 보냈습니다. 그분과 그 가족의 삶 자체가 우리 민족이 겪었던 고통을 대변해주는 듯합니다.

1895년 일제가 명성황후를 시해하고 단발령을 선언하자 전국에서 항일의병이 줄지어 일어났습니다. 허위 또한 이 시기에 고향 친구들과 결의했으며, 1896년 3월 26일 고향인 김천 지역에서 수백 명의 장정들을 불러모아 의병부대를 만들었습니다. 친구 이기찬을 의병대장에 추대하고,자신은 참모장을 역임했으며, 의병부대의 이름을 '김산의병'이라고 지었습니다.

선비는 선비인가 봅니다. 그의 의병부대는 김산(오늘날 김천)과 성주 두 곳에 진을 쳐놓고 전투를 벌였지만, 의병부대를 해산하라는 고종의 밀지를 받고서는 바로 부대를 해산했습니다. 이후 그는 나라의 부름을 받을 때가 있을 거라는 믿음을 간직한 채 성균관 박사를 거쳐 평리원 서리재판장(오늘날의 대법원장 서리)에 임명되었습니다.

1904년 2월, 일제는 한일의정서를 강제로 맺으며 조선의 군사적 요충지를 합법적으로 확보했으며 전국의 황무지를 개척할 수 있는 권한까지 요구했습니다. 그러자 허위는 동지들과 함께 전 국민이 시국 상황을 알아야 한다며 전국에 배일통문을 돌렸습니다. 일제의 만행을 비난하고 전 국민이 의병에 참여하여 싸우자는 내용이었습니다. 다음은 배일통문의 일부입니다.

앉아서 망하기를 기다리느니보다 온갖 힘을 다하고 마음을 합하여 빨리 계책을 세우자. 진군하여 이기면 원수를 보복하고 국토를 지키며, 불행히 죽으면 같이 죽자. 의義와 창槍이 분발되어 곧 나아가니 저들의 강제와 오만은 꺾일 것이다. (……) 비밀히 도내 각 동지들에게 빨리 통고하여 옷을 찢어 깃발을 만들고, 호미와 갈구리를 부수어 칼을 만들고 (……) 우리들은 의군을 규합하여 순리에 쫓게 되니 하늘이 도울 것이다.

당시 허위는 정부 관료였습니다. 그런 그가 일제에 항거하는 것은 죽음을 무릅쓰지 않고는 할 수 없는 행동이었습니다. 실제로 이 사건으로 허위는 일제 헌병대에 끌려갔다가 풀려납니다. 그러나 일제는 그의 충의와 애국심이 신경 쓰였는지 아무 이유도 없이 최익현, 김학진과 함께 그를 체포하여 항일투쟁을 중단하라는 협박을 했습니다. 그러자 허위는 "우리나라의 독립을 위해 열심히 노력하는 것은 당연한 일이다"라며 반박했습니다. 일제는 최익현, 김학진을 석방한 뒤에도 허위는 4개월이나 더 구금했습니다.

석방 후 고향에서 꼼짝달싹 못하게 된 그에게 통탄할 소식이 들려왔습니다. 1905년 을사오적에 의해 을사늑약이 체결되었다는 것이었습니다. 허위는 이 소식을 '드디어 때가 되었다. 다시 밖으로 나가자'라고 결심했는지도 모릅니다. 그는 곧바로 경상도, 전라도, 강원도, 경기도 각 지역을 돌아다니며 의병을 일으킬 준비를 했습니다. 그리고 유인석, 곽종석, 이학균을 만나 의병부대를 창설하기 위한 준비를 했습니다.

1907년 9월 허위는 연천, 적성, 철원 지역에서 의병을 일으켰고, 이인영과 함께 연합 의병부대를 만들어 일제와 치열한 전투를 벌였습니다. 그 후 이 연합부대는 전국의병 연합조직인 13도창의군이 되었습니다. 13도창의군은 48개의 의병부대가 통합된 것이며, 의병 수는 1만 명에 이르렀습니다. 허위가 거느린 의병 수는 2천 명이나 되었으니 그 규모나 사기가 어땠을지 가늠해볼 수 있습니다.

다만 서울 진공작전은 사전에 정보가 새어나가고 최고 지휘부가 단결되지 않아 실패로 돌아갔습니다. 이 사건 이후 연합 의병부대는 다시 본래의 부대단위로 나뉘어 의병활동을 전개했는데, 허위의 의병부대는 임진강과 한탄강 주변을 무대로 항일전을 벌였습니다.

마지막까지 의병활동을 전개하던 허위는 영향력 있는 의병장들과 연합작전을 성사시키려 했으나 은신처가 드러나 체포되고 말았습니다. 이때 일본군 헌병사령관이 직접 그를 심문하고 고문했다고 합니다. 그러나 그는 조금도 동요하지 않고 일제의 침략에 대해 오히려 호통을 쳤다고 하니, 그의 정신과 기백은 의병장으로 조금도 손색이 없습니다. 진정한 의병정신을 보여준 것입니다.

허위는 끔찍한 고문을 받았고 1908년 서대문형무소에서 사형을 당했습니다. 이때 그의 나이는 55세였습니다. 그는 사형집행 직전에 이런 말을 남겼다고 합니다.

"충의의 귀신은 스스로 마땅히 하늘로 올라갈 것이요, 혹 지옥에 떨어진다 하더라도 어찌 너희들의 도움을 받아서 복을 얻으랴. 죽은 뒤의 염시斂屍를 어찌 괘념하겠느냐. 옥중에서 썩어도 무방하니 속히 형을 집행하라."

2006년 5월의 독립운동가

박차정 朴次貞

1910. 5. 7 ~ 1944. 5. 27

의열단장 김원봉의 아내,
여성의 자유와 평등을 꿈꾸다

"일본 제국주의가 타도된다고 하더라도
조선의 혁명이 정치, 경제, 사회 등 각 방면에서
진정한 자유평등의 혁명이 아니라면 우리 부녀는
철저한 해방을 얻지 못한다."

1929년 근우회 중앙집행위원
1930년 의열단 가입
1936년 민족혁명당 부녀부 주임
1938년 조선의용대 부녀복무단장
1939년 쿤룬산 전투에서 총상
1944년 총상 후유증으로 서거

박차정은 민족의식이 강한 집안에서 자랐으며 동래 일신여학교를 다니며 항일의식을 더욱 견고히 키워나갔습니다. 일신여학교는 기독교계 학교였지만 민족정신을 중요시하여 조선어, 역사, 지리 등을 중점적으로 가르쳤습니다. 자연스레 이 학교를 졸업한 사람들은 독립운동가의 길을 걸었고, 박차정 역시 항일의식이 더욱 강해질 수밖에 없었습니다. 특히 일신여학교는 부산 지역의 3·1만세운동에 큰 영향을 미친 학교였습니다.

박차정은 10대 학생 시절부터 우리 민족의 비극을 극복하는 길은 독립이며 애국지사들의 독립운동에 국민 모두가 동참해야 한다고 주장했습니다. 일신여학교에 다닐 때는 동맹휴학을 주도하기도 했습니다.

박차정은 동지들을 규합하여 휴학을 결의하고 독립운동을 벌이는 등 학생 시절부터 남다른 애국정신을 보여주었습니다. 근우회에서 활동하면서 그의 이름은 전국에 알려지게 되었습니다. 근우회는 전국의 여성운동 단체들과 기독교, 민족주의 계열, 사회주의 계열의 여성단체들을 통합하여 설립된 기구로 독립을 첫 번째 목표로 삼았습니다. 근우회는 여성의 평등한 권리를 위해서도 노력했는데, 강령을 보면 그 취지를 충분히 느낄 수 있습니다.

"첫째, 조선 여자의 역사적 사명을 수행하기 위하여 공고한 단결과 의식적 훈련을 기한다.

둘째, 조선 여성의 정치적, 경제적, 사회적, 전적 이익의 옹호를 기한다."

1930년 박차정은 의열단에서 활동하던 둘째 오빠 박문호를 따라 중국으로 망명했습니다. 그곳에서 의열단장 김원봉을 만나서 결혼하게 됩니다. 이후 박차정도 의열단에서 활약하면서 지청천 장군의 부인 이성실과 함께 '조선부녀회'를 결성하고 여성들을 민족해방운동으로 이끌고자 했습니다.

박차정은 22명으로 구성된 부녀복무단의 단장을 맡아 활동했는데, 부녀복무단은 이름 그대로 독립운동가 남편을 뒷바라지하는 여성 독립운동가들의 모임이었습니다. 이 모임은 단순한 친목 도모를 넘어 그 이상의 활동을 수행했던 것으로 보입니다. 특히 그에게 고무된 여성 독립운동가들은 조선의용대 본부에서 남자들과 똑같은 훈련을 받았고 여성 소대를 꾸려 전투에 참가하기도 했습니다.

실제로 그는 장시성江西省 쿤룬산崑崙山 전투에서 총상을 입었는데, 이는 그가 조선의용대(의열단)에서 항일 무장투쟁에 앞장섰음을 보여줍니다. 김원봉이 임시정부의 군무부장에 취임할 즈음인 1944년, 박차정은 총상의 후유증을 극복하지 못하고 끝내 생을 마감하게 됩니다.

마지막 순간까지 조국의 해방과 혁명을 완수하는 데 동참하지 못하는 것을 안타까워했던 여성 독립운동가. 그런 아내의 죽음을 지켜보며 아무것도 할 수 없었던 김원봉. 결국 일제가 패망한 후에야 아내의 시신을 수습하러 갈 수 있었던 김원봉의 심정이 얼마나 안타까웠을까요. 김원봉은 아내의 유해를 고향인 경상남도 밀양의 뒷동산에 묻어주었습니다.

2006년 8월의 독립운동가

박열 朴烈

1902. 2. 3 ~ 1974. 1. 17

박열, 가네코 후미코,
그리고 후세 다쓰지

"재판장, 수고했네.
내 육체야 자네들 맘대로 죽일 수 있지만,
내 정신이야 어찌하겠는가."
- 사형선고 직후 일본 재판관에게 한 말

1902년 출생
1919년 서울과 문경에서 만세시위 참가
1922년 최초의 무정부주의 단체 흑도회, 흑우회 결성
1923년 불령사를 조직하여 일본 천황 폭살 계획
1945년 22년 2개월간의 옥고 끝에 석방
1946년 신조선건설동맹 결성
1946년 윤봉길, 이봉창, 백정기 의사 유해 송환 임무 수행
1974년 서거

박열이 독립운동에 뛰어들게 된 계기는 졸업식 날 조선인 선생님의 고백 때문이었습니다. 1916년 3월, 졸업식을 앞두고 선생님이 학생들을 불러모으더니 그동안 일본의 압력에 못 이겨서 거짓된 교육을 시켰다며 사과한 것입니다. 조선 역사의 위대함과 전통을 잊지 말라는 선생님의 눈물 섞인 절규에 박열은 큰 충격과 함께 감동을 받았습니다. 아마 그때 우리 민족을 위해 큰일을 해야겠다고 결심했는지 모릅니다.

그로부터 3년 후인 1919년 박열은 3·1만세시위에 참가했다가 퇴학을 당한 후 도쿄로 건너가 신문 배달 등을 하면서 고등학교를 다녔습니다. 당시 18세의 나이로 최초의 무정부주의 단체인 '흑도회'를 조직했습니다. 1923년 4월에는 가네코 후미코라는 일본 여성과 사랑에 빠지게 됩니다.

박열은 일본의 조선인 학살을 피해 피신해 있다가 일본 경찰에게 체포되었습니다. 그런데 일이 엉뚱하게 전개됩니다. 고문과 취조 도중 폭탄을 구입하려고 했던 계획이 드러난 것입니다. 그러자 일본 정부와 검찰은 일본 천황을 암살하려 한 사건으로 날조하여 '대역 사건'이라는 이름을 붙였습니다. 그는 사형선고를 받았고, 이후 무기징역으로 감형되었습니다.

일본인 변호사 후세 다쓰지의 도움으로 박열과 가네코 후미코는 옥중에서 결혼하게 되는데, 두 사람이 일본 검찰의 취조를 받으며 포옹하는 사진이 유출되었습니다. 그러자 야당에서는 정부가 국사범國事犯

의 편의를 봐준다는 비판을 제기하여 일본 사회에 엄청난 파장을 일으켰습니다. 이로 인해 담당 판사가 해임되고, 1927년 내각은 총사퇴를 했습니다. 가네코 후미코는 1926년에 옥중에서 스스로 목숨을 끊고 맙니다.

일본인들은 가네코 후미코를 나라를 배신한 여자라고 비난했을지 모르지만, 박열의 애국심에 감명을 받고 사랑을 택한 것이라고 생각합니다. 박열의 항일운동은 일본을 망하게 하겠다는 것이 아니라 빼앗긴 나라를 되찾겠다는 것이었으니까요. 엄밀히 말하면 일본으로부터 나라를 찾는 것과 일본을 망하게 하는 것, 이 두 가지는 의미가 완전히 다르기에 가네코 후미코는 사랑하는 사람을 따라 행동할 수 있었다고 생각합니다.

박열은 22년 2개월 동안 복역하던 중 해방을 맞아 석방되었습니다. 해방 직후 김구 선생의 부탁으로 도쿄로 가서 윤봉길, 이봉창, 백정기 의사의 유해 송환 책임을 맡았습니다. 박열은 1950년 한국전쟁 중 서울 장충동에서 은거하다가 북한군에 납북되었습니다. 피난을 떠나지 못한 시민들이 많은데 독립투사인 내가 그들을 버리고 떠날 수 없다며 서울에 남아 있었다고 합니다.

우리가 살펴볼 인물이 한 명 더 있습니다. 일본인 최초로 대한민국 건국훈장을 받은 후세 다쓰지라는 인권변호사입니다. '일본의 쉰들러'라고 부를 수 있을 만큼 그는 한국의 독립운동에 열정적이었고 3·1만세운동 때는 성명서를 발표하기도 했습니다. 후세 다쓰지는 검사였으나 법률의 한계와 사회적 약자들에 대한 연민으로 인권변호사가 되었습니다. 그는 한국의 독립운동가들을 많이 변호했는데 유명한 사건이 바로 박열과 가네코 후미코의 일본 천황 암살 미수 사건입니다.

2007년 7월의 독립운동가

구춘선 具春先

1857 ~ 1944. 3. 20

대한독립신문을 펴내고
간도에 독립군 지부 72개소를 설치하다

"언젠가 반드시 승리의 날이 올 것이다,
포기하지 마라."

1857년 출생
1909년 간민교육회 조직
1913년 간민회 조직
1919년 만세시위운동 전개, 대한국민회 조직
1920년 봉오동 전투, 청산리 전투
1944년 서거

구춘선은 하급 병사로 시작하여 남대문 수문장 등 중앙군의 일원이 되어 궁궐 수비를 담당했습니다. 그는 을미사변 후 북간도로 이주했는데 당시 북간도에는 많은 한인들이 이주하여 황무지를 개간하고 농사를 지으며 살고 있었습니다. 간도 관리사인 이범윤이 한인들의 보호에 나서자 구춘선도 한인 보호소와 병영을 설치하여 만주 지역에 거주하는 동포들을 보호하는 데 최선을 다했습니다.

구춘선은 북간도 용정으로 이주한 후 캐나다인 선교사 그레이슨을 만나 기독교도가 되었으며, 본격적인 민족교육 운동에 참여하게 됩니다. 용정중앙교회를 설립하여 기독교를 전파하는 한편 북간도 지역의 민족 지도자들과 함께 간민교육회를 조직하여 민족교육을 실시하고 애국정신을 고취했습니다.

1910년대 북간도에서 설립된 민족학교 수는 약 100개에 달했습니다. 이에 따라 간도 지역은 항일운동의 인적 양성소가 되어갔으며, 그 중심에 구춘선이 있었습니다.

1차 세계대전이 끝난 후 그는 북간도의 기독교 세력을 중심으로 항일 독립운동을 전개하고자 했습니다. 때마침 조국에서 3·1만세운동이 일어났다는 소식이 들려왔습니다. 그도 한인들과 함께 3월 13일 용정에서 만세시위를 벌였습니다. 이후 체계적인 독립운동의 필요성을 느끼고 대한국민회를 조직했습니다. 대한국민회는 임시정부와 연계하여 한인들의 생활 안정과 자치를 돕는 북간도 지역 최대 규모의 독립운동 단체였습니다.

또한 적극적으로 항일 무장투쟁을 전개하고자 안무 장군과 함께 국민회군을 조직하여 독립군을 양성하고 국내와의 연계투쟁을 추진했습니다. 구춘선은 계속해서 대한국민회를 이끌며 독립운동 단체와 연합하여 항일 무장 역량을 결집하고자 했고, 이러한 노력의 결과가 항일 무장투쟁사에서 가장 빛나는 성과로 평가받는 청산리 전투입니다.

청산리 전투에서 참패한 일제는 한인들을 무차별 학살하고 마을을 불태우는 등 야만적인 간도참변을 자행합니다. 구춘선은 민족 지도자들과 함께 대한독립군단을 조직했으며, 자유시 참변 후에는 독립군 간부사관학교 설립과 국내 진공작전의 필요성을 느끼고 일경 단체를 습격하는 계획을 세우는 등 활발한 활동을 전개했습니다.

1926년을 기점으로 그는 무장투쟁에서 종교 활동과 교육운동으로 전환합니다. 만주에서 활동하는 젊은 독립운동가들의 멘토이자 스승이 되어 그들의 권익을 보호하기 위해 노력했습니다. 그러나 그토록 바라던 광복을 보지 못한 채 1944년 만주에서 순국하셨습니다.

2008년 5월의 독립운동가

박재혁 朴載赫

1895. 5. 17 ~ 1921. 5. 11

"독립은 무력으로 찾는 것."
부산경찰서에 폭탄을 던진 의열단원

"내 뜻을 다 이루었으니 지금 죽어도 아무 한이 없다."
– 단식 투쟁 중 선생이 한 말

1895년 출생

1917년 중국 상하이로 망명

1920년 김원봉의 권유로 의열단 가입 후 부산경찰서 파괴

1920년 11월 2일 사형선고

1921년 5월 11일 단식으로 순국

71주년 광복절 특집 KBS 다큐멘터리 〈독립군의 길을 가다〉를 보면 잊혀진 영웅으로 박재혁 의사가 나옵니다. 처음 독립운동가 앱을 제작할 때 그분에게 무척 감명을 받아 사학과 출신인 장교 후배와 고개를 저으며 감탄했던 기억이 있습니다.

15세에 아버지가 돌아가시자 홀어머니 손에 자란 박재혁은 부산을 대표하는 독립운동가 중 한 명입니다. 부산상고(현재 개성고등학교)에 입학하여 최천택, 오택과 의형제를 맺었는데 이들 셋은 모두 일제강점기 독립운동에 뛰어든 부산의 대표적인 독립운동가들입니다.

18세에 박재혁은 '구세단'을 조직하여 항일 잡지를 발간하고 우리나라의 위대한 역사가 담긴 국사책을 학생들에게 나누어주었습니다. 이 때문에 일본 경찰에게 체포되어 모진 고문을 당했습니다. 감옥에서 풀려난 후에는 울산, 경주, 김해, 밀양 등지를 돌아다니며 뜻 있는 청년들과 동지들을 규합했습니다. 이 시기에 의열단장 약산 김원봉을 만나게 되었고, 상하이와 싱가포르를 오가며 무역업을 하면서 독립운동가들과 접촉했습니다.

이후 박재혁의 독립운동은 의열투쟁으로 바뀝니다. 상하이에서 의열단에 정식으로 입단하고 일제를 타격하기 위해 쓰시마를 거쳐 부산으로 입국했습니다. 일본 형사들의 감시를 받고 있었지만 위기가 기회라고 생각한 그는 부산경찰서를 파괴하기로 결심하고 실행에 옮겼습니다. 중국인 고서 상인으로 위장한 뒤 고서에 폭탄을 숨겨 부산경찰서장 바로 앞에서 터뜨렸습니다. 완벽한 성공을 위해 안전거리를 고려하지 않고 폭탄을 터뜨렸기 때문에 그도 상당한 부상을 입었습니다. 잔혹했던 식민통치 기관인 부산경찰서. 수많은 독립운동가들을 고문했던 경찰서 수뇌가 그 자리에서 폭사했습니다.

박재혁은 경찰에 체포되어 모진 고문을 받으면서도 사주한 사람도 없고 누구와도 공모하지 않았다고 주장했습니다. 그러나 일본은 의열단장 김원봉을 잡기 위해 이 사건을 김원봉의 사주로 밀어붙였고, 조금이라도 연관성이 있는 독립운동가들을 잡아들여 혹독한 고문을 했습니다. 그러나 박재혁은 끝까지 그 누구도 배신하지 않았고, 결국 그를 제외한 다른 사람들은 증거불충분으로 풀려났습니다.

1920년 11월 2일 박재혁은 사형선고를 받았습니다. 사형이 언도되자 그의 어머니와 누이동생, 그리고 방청객 모두가 함께 울었습니다. 사형이 선고되고 나서 최천택이 면회 갔을 때 박재혁은 이렇게 말했습니다.

"내 뜻을 다 이루었으니 지금 죽어도 아무 한이 없다."

"왜놈 손에 사형당하기 싫어 단식 중이다"라고 말하며, 최천택이 가져간 달걀 꾸러미를 도로 내주었다고 합니다.

그리고 6일 뒤 박재혁은 서거하셨습니다. 당시 이 사건은 신문에 대서특필되었으며 그의 시신을 운반했던 부산역에는 수많은 부산 시민들과 독립운동가들이 집결하여 그의 죽음을 애도하며 눈물을 흘렸습니다.

박재혁의 부산경찰서 폭파 사건은 항일 의열투쟁의 시발점이었습니다. 뒤이어 의열단원들은 마치 기다렸다는 듯, 또는 복수라도 하듯 일제 수탈기관을 폭파했습니다. 이 때문에 일제는 의열단이라는 이름만 들어도 가슴을 졸였습니다. 당시 의열단장 김원봉에 걸린 현상금이 요즘 돈으로 200억 원이었다고 하니 의열단이 일제에 준 공포가 어느 정도였는지 헤아릴 수 있습니다.

2008년 11월의 독립운동가

남상목 南相穆

1876. 4. 12 ~ 1908. 11. 4

왜적을 향한 의로운 총

"억울하다, 동지들이여! 우리 함께 힘을 모
왜놈을 물리치자."

1876년 출생

1904년 일본 관리인 처벌

1906년 의병으로 항일전 참전

1908년 8월 의병부대 창설

1908년 11월 순국

남상목은 어려서부터 남달리 힘이 세서 장수의 재목이었다고 합니다. 그가 활동하던 시기는 일제가 러시아와 전쟁하기 위해 조선인들의 인력과 재원을 수탈하던 때입니다. 남상목이 29세가 되던 1904년. 그의 고향에서도 일제의 수탈이 심했습니다. 3개 면에 있는 나무를 전부 벌채해서 주민들을 동원해 운반하게 하고는 단 한 푼도 임금을 지불하지 않았습니다.

이를 도저히 눈뜨고 볼 수 없었던 그는 일본인 감독관 나가이를 죽도록 패버렸습니다. 당연히 이 일로 일본 헌병대에 체포되어 온갖 체벌을 당하고 풀려났습니다. 이 사건으로 그는 가슴속에 민족의식과 독립정신의 불씨를 키우게 됩니다.

그로부터 얼마 후 을사늑약이 체결되었습니다. 나라의 외교권을 일본에 빼앗기게 된 것이죠. 일제의 침략 야욕이 본격적으로 드러나던 1906년에 남상목은 제천 지역 의병장 이강년의 부대에 들어가서 수차례 일본군과 싸웠습니다. 1908년 8월에는 경기도 용인 용곡천 일대에서 50명의 병력을 이끄는 의병장이 되었습니다. 과거 의병 동지들이 그의 의병부대에 들어가 활동했는데, 충청북도 음성에서 벌인 전투가 유명합니다. 비록 패했으나 일본군에게 상당한 피해를 입힌 격전이었습니다.

남상목의 의병부대는 경기도 용인에서부터 충청북도 충주를 무대로 활동했습니다. 1908년 11월 그는 경기도 광주군 낙생면 하산운리(지금의 판교)에 사는 가족을 만나러 가던 중 잠복해 있던 일본 헌병에게 체포되었습니다. 그는 곧바로 서대문형무소로 끌려가서 참혹한 고문을 받았습니다. 의병장이었으니 그 누구보다 잔인한 고문을 받았는데, 결국 장 파열로 인해 1908년 11월 4일 형무소에서 순국하셨습니다.

2009년 4월의 독립운동가

윤기섭 尹琦燮

1887. 4. 4 ~ 1959. 2. 27

신흥무관학교 교장,
민족혁명당을 창당하여 나라를 되찾으려 노력하다

1887년 출생

1908년 청년학우회 조직에 참여

1911년 신흥무관학교 교장

1919년 4월 대한민국 임시정부 산하 육군 무관학교 교관

1924년 임시의정원 의장 역임

1935년 민족혁명당 조직

1940년 임시정부 국무위원

1959년 서거

윤기섭은 서울 보성학교에 제1기로 입학하여 1909년 수석으로 졸업했습니다. 졸업 후 오산학교 교사로 사회생활을 시작했고 민족교육에 종사했습니다. 그는 교육자이면서도 신민회에 가입하여 자주독립, 민중계몽, 민권신장 등의 민족운동에 투신했으며, 신민회의 산하 조직인 청년학우회에서도 활동했습니다. 청년학우회는 조국의 미래를 이끌어갈 청년들에게 역사관과 안보관을 가르치던 모임입니다.

이 무렵 '105인 사건'으로 많은 독립운동가들이 구속되어 옥고를 치렀습니다. 민족학교였던 오산학교도 일제의 탄압을 받고 재정난에 허덕였습니다. 이렇게 국내 활동이 어려워지자 윤기섭은 망명을 서두르게 되었습니다.

1910년 나라를 빼앗긴 해, 그는 서간도로 떠났습니다. 서간도에서 이시영, 이동녕 등을 만나 한인 자치기관인 경학사를 설립하고, 부속기관으로 무관 양성을 위한 신흥무관학교를 세우는 데 참여했습니다. 이후 10년 동안 신흥무관학교의 학감 및 교장을 역임하며 수많은 군사 인재들을 양성했습니다.

3·1만세시위운동 이후 윤기섭은 독립전쟁을 호소하며 재정 지원을 요청하기 위해 상하이 임시정부로 떠났습니다. 그곳에서 처음 만난 사람이 바로 도산 안창호 선생이었습니다. 윤기섭은 훗날 임시정부가 해체될 위기에 처했을 때 임시정부를 지키고 옹호하는 편에서 활동하기도 했습니다. 그 후 임시정부의 장기적인 대일전쟁을 준비하기 위한 한국노병회를 창설하는 데 참여했으며, 오늘날의 국회에 해당하는

임시의정원에서 적극적인 활동을 펼쳤습니다.

윤기섭은 이처럼 독립전쟁, 독립군 양성, 젊은이들의 계몽교육 등에 힘썼으며, 정치·외교 분야에서도 많은 노력을 기울였습니다. 1921년 11월 태평양회의에 참석하는 각국 대표들에게 임시의정원 의원 25명과 함께 독립청원서를 제출했으며, 여러 요직에서 오랫동안 활동했습니다.

1945년 일제 패망 이후 윤기섭은 중국에 남아 국외에서 활동한 독립운동가들과 임시정부 요인들, 그리고 망명한 동포들의 귀국을 돕다가 1946년 4월 말에야 고국 땅을 밟았습니다. 그 후 동족상잔의 비극인 한국전쟁이 발발했을 때 윤기섭은 다른 임시정부 요인들과 함께 납북되었으며, 북한에서 서거하셨습니다.

2009년 8월의 독립운동가

박찬익 朴贊翊

1884. 1. 2 ~ 1949. 3. 9

대한민국 임시정부 외교부를 이끌고
대한독립의군부를 이끈 숨은 영웅

"광복 후 중국에 있는 동포 사회를 안정시키고,
한인들의 귀국을 도우라."

1884년 출생

1913년 중광단에서 중국과 교섭하여 군수품 조달

1919년 대한독립의군부 창설, 대한독립선언 서명

1921년 임시정부 경기도 지역 의원

1930년 중국 국민당 정부와 임시정부의 외교 연락요원으로 활동

1932년 임시정부 이동 및 임원들의 정착 문제 해결 주도

1949년 서거

1904년 당시 10대였던 박찬익은 일본인 교사의 차별에 대들다가 학교를 중퇴했습니다. 이후 그는 일본의 황무지 개척 요구에 대한 반대투쟁에 참여했습니다. 그가 민족정신을 되살리기 위해 선택한 종교는 대종교였는데, 그 이유는 빼앗긴 나라를 되살리자면 단군 신앙이 가장 적절하다고 판단했기 때문으로 보입니다. 그 후 만주로 떠난 뒤 서일 장군과 함께 중광단을 조직하여 중국에 건너온 동포들을 챙기고 지원하고 규합하는 데 힘썼습니다.

1913년 박찬익은 중광단에서 필요한 무기를 구입하기 위해 중국과 교섭을 벌여 큰 성과를 거두었습니다. 보병총 300정, 권총 10정, 수류탄 150발, 탄환 5천 발 등을 조달한 것입니다. 이 와중에 그는 신흥무관학교에서 독립투사와 애국지사들에게 중국어와 한국 역사를 가르쳤습니다.

박찬익은 1919년 대한독립의군부 창설에 참여하고 대한독립선언서 발표에도 참가했습니다. 대한독립선언서는 국내의 '조선독립선언서'와는 다른 것으로 외국에서 활동하던 독립운동가들이 결사항전하여 빼앗긴 나라를 되찾자는 선언이었습니다.

박찬익은 4월 10일부터 12일까지 상하이에서 대한민국을 건국하고, 이를 운영할 임시정부와 '임시의정원'을 세운 인물 중 한 명이었습니다. 4월 23일 서울 국민대회에서 한성 임시정부가 조직될 때는 박은식, 신채호, 손정도, 조성환 등과 함께 평정관評政官이 되었습니다. 한성 임시정부는 얼마 뒤 상하이에 있는 대한민국 임시정부와 통합되었습니다.

1921년 박찬익은 상하이로 가서 대한민국 임시정부에 정식으로 참여합니다. 대한민국 임시정부 후원회 위원으로 활동했으며, 1921년 4월 경기도 대표로 임시의정원 의원이 되었고, 7월에는 외무부 외사국장 겸 외무차장 대리로 임명되어 외교 임무를 전담하게 됩니다.

당시 대한민국 임시정부의 외교 업무에서 가장 핵심적인 중국 당국과의 교섭 업무는 박찬익의 몫이었습니다. 또한 독립운동가의 석방을 위한 교섭에 나선 사람도 그였습니다. 1925년 10월 미쓰야三矢협약 때문에 독립운동가 이강훈, 신갑수가 체포되었을 때도 박찬익이 외교 교섭을 벌여 빼내오기도 했습니다.

1929년 박찬익은 만주에서 결성된 한국독립당의 난징 지부 대표를 맡았습니다. 이것은 외교적으로 큰 의미가 있었습니다. 당시 중국 국민당 정부의 수도가 난징이었기 때문입니다. 임시정부 외교통이었던 박찬익이 난징 지부 대표를 맡은 것은 치밀한 외교 전략에 따른 것이었습니다. 역시나 예상대로 그는 1930년 중국 국민당에 들어가 국제부 선전과에서 근무하며 대한민국 임시정부와 중국 국민당의 가교 역할을 하고자 합니다.

1932년 독립운동사의 두 거성인 이봉창, 윤봉길의 의거 후 임시정부가 급하게 옮겨가면서 박찬익의 활동 내용도 달라졌습니다. 임시정부의 안전한 이동과 독립운동가들의 정착 문제는 결국 중국 정부와의 교섭에 달려 있었습니다. 당시 중국 국민당과 교섭하기 위해 박찬익을 중심으로 안공근, 엄항섭 세 사람이 큰 역할을 해냈습니다. 김구 선생이 일제의 추적을 따돌리면서 장쑤성江蘇省 자싱嘉興에 피신할 수 있었던 것이나 임시정부가 항저우에 터를 잡게 된 데에도 박찬익의 외교가 큰 역할을 했습니다.

1933년 박찬익은 김구 선생과 장제스 두 거두의 회담을 성사시켰습니다. 이 회담을 통해 중국 국민당은 한인 청년들을 중국 군관학교에서 육성하기로 했으며, 이듬해에는 허난성河南省 뤄양洛陽에 있는 중국 군관학교에 특설반을 마련하여 한인 청년들을 초급 장교로 양성하기 시작했습니다.

그 후 박찬익은 중국 정부와 교섭하여 독립군 지원금을 받아내는 역할을 수행했으며, 항일운동 좌파 계열을 대한민국 임시정부에 합류시키는 일을 수행했습니다. 중국 정부의 지원금이 여러 한인 독립운동 단체로 나눠지는 것을 막기 위해서는 지원금 창구를 단일화할 필요가 있었기 때문입니다. 그리고 그 첫 번째 단추가 모든 좌파 독립단체를 대한민국 임시정부에 합류시키는 것이었습니다. 좌파 계열 독립군 단체를 대한민국 임시정부로 단일화한다는 목표 아래 김구와 박찬익은 힘을 합쳤습니다. 이 과정에서 박찬익과 의열단장 김원봉 계열 사이에 충돌이 일어났으나 박찬익의 나라를 생각하는 마음에 감화되어 의열단을 포함한 좌파 계열은 대부분 대한민국 임시정부로 합류하게 되었습니다.

마침내 일본의 항복 소식을 듣고 다들 기뻐할 때 박찬익은 남은 과제를 진행했습니다. 귀국 후의 외교 업무와 외교관 양성, 동포 사회를 안정적으로 꾸려가는 것, 그리고 중국에 망명한 동포 사회와 이민 1, 2세대를 안정화하는 것이었습니다.

1947년 중국에서는 국공내전이 벌어졌고 박찬익은 만주 지역의 한인들을 모아 보병독립총대를 만들었습니다. 1948년 그는 건강 악화에도 불구하고 김구 선생이 남북협상을 위해 평양을 방문한다는 소식을 듣고 이를 만류하기 위해 급히 귀국했습니다. 이유는 간단합니다. 외교 전문가로 평생 살았던 분이기에 평양 방문이 얼마나 위험한 일인지를 직감했을 겁니다.

마지막까지도 박찬익은 대한민국 임시정부가 광복 후에도 승인받지 못한 것을 두고 자신의 역량이 부족했다며 자책하고 괴로워했습니다. 1949년 2월 20일 그는 대한민국 임시정부에 대한 미안함을 안고 세상을 떠나셨습니다.

중국에서 활동하던 독립운동가들은 중국 정부의 정책에 민감하게 반응할 수밖에 없었습니다. 중국과의 외교는 절대적인 분야였고 그 일선에 섰던 분이 박찬익이었습니다. 만주에서도 그랬고, 중국 본토에서도 그랬습니다. 특히 그가 대한민국 임시정부의 외교를 맡으면서 광복군 창설이나 좌우합작, 정부 요인과 그들 가족의 생계 문제 해결, 중국 국민당 정부의 지원을 받아내기까지 그의 노력이 들어가지 않은 것이 없었습니다.

2009년 9월의 독립운동가

이종희 李鍾熙

1890. 4. 19 ~ 1946. 3. 28

김원봉과 함께
광복군 제1지대를 지휘하다

"의로운 일을 맹렬히 행합시다.
꼭 그렇게 삽시다."

1890년 출생
1919년 의열단 가입
1925년 밀정 김달하 처단 거사 참여
1926년 중국 황포군관학교 졸업, 의열단 간부 양성
1932년 조선혁명군사정치간부학교 교관
1935년 조선민족혁명당 창립 멤버
1938년 조선의용대 참모
1940년 조선의용군을 이끌고 일제와 항전
1942년 김원봉과 함께 광복군 제1지대 지휘
1946년 서거

이종희는 의열단장 김원봉과 함께 광복군 제1지대를 지휘한 독립운동가입니다. 일제는 마지막까지도 그의 본명을 알지 못했는데 이인홍, 이집중이라는 두 가명을 사용했기 때문입니다. 아마도 그 덕분에 독립운동을 오랫동안 할 수 있지 않았나 생각합니다.

이종희에 관한 기록은 의열단으로부터 시작합니다. 1924년 10월 의열단의 활동을 적은 일제 관헌의 기록물에는 이종희가 의열단원으로 등록되어 있습니다. 따라서 그가 서른 살이 넘은 나이에 독립운동을 하기 위해 중국으로 망명한 이유는 크게 두 가지 이유라고 생각합니다.

첫째, 1919년 만세시위운동의 영향으로 무장투쟁을 하기 위해 중국으로 망명.

둘째, 상하이에서 임시정부가 설립된 이후 국내에서 설렁탕집을 가장한 비밀 연락망인 교통국이나 연통제 요원에 의한 스카우트.

어찌되었건 이종희는 의열단원으로 활동했고, 1925년 베이징에서 일제의 밀정 김달하를 처단했습니다. 김달하는 외교부 관리였으나 나라를 일본에 빼앗긴 후 중국으로 건너가 친일 관리의 부관이 되었습니다. 그리고 부귀영화를 누리며 독립운동가들의 정보나 위치를 일본 경찰에 제공했습니다.

아나키스트 이회영, 유자명과 상의한 후 의열단원들은 의열단의 이름으로 친일 밀정을 처단하게 됩니다. 이 사건은 중국 신문 『경보』

에도 실렸는데 김달하를 죽어 마땅한 자라고 표현했습니다. 당시 밀정들은 두려움에 떨었고, 동지들은 당연한 결과라며 일말의 동정도 표하지 않았습니다. 실제로 중국 경찰당국도 살인범을 체포하는 데 적극적으로 나서지 않았습니다. 중국에게도 일본은 적이었으니까요.

1925년에 의열단은 기존의 급진적 암살파괴 운동에서 군사정치 활동으로 노선을 바꾸었습니다. 이런 흐름의 일환으로 이종희 또한 황포군관학교 보병과에 입학하여 중국군 소위로 임관하게 됩니다.

만주사변이 일어나자 의열단은 독립운동의 여건 및 정치적 협력관계에 큰 변화가 생길 것을 감지하고서는 난징으로 본거지를 옮겼습니다. 그리고 황포군관학교 동문 및 인맥을 총동원하여 중국 국민당 정부의 비밀조직들과 협력하여 '조선혁명군사정치간부학교'를 설립했습니다.

이때 이종희는 인근의 다른 부대에서 중대장으로 근무하고 있었습니다. 어느 날 의열단장 김원봉이 그를 찾아와서 간부학교를 운영하고 교관이 되어 뜻을 이루자는 제안을 했습니다. 두 사람은 오래전부터 서로 신뢰하던 의열단원 동료이자 동포였기에 이종희는 흔쾌히 승낙하고 의열단으로 복귀했습니다.

그 후 이종희는 김원봉과 함께 조선의용대와 조선의용군 그리고 한국광복군에서 함께 활동하고 전장을 누비면서 끝까지 그와의 의리를 지킵니다. 그러나 광복을 1년 앞둔 1944년, 지병으로 인해 병상에 눕게 되었고, 1945년 광복을 맞게 됩니다.

하지만 광복 후에도 수많은 독립운동가와 임시정부 요원들, 독립단체 요인들은 조국으로 돌아오는 데 어려움을 겪었습니다. 개인 자격으로 교통편과 여비를 마련해야 했습니다. 이종희 또한 배에 오른 지 4개월 만에야 귀국했습니다. 그러나 여독이 깊어져서 부산항에 도착하기 하루 전에 배에서 생을 마감하셨습니다. 의열단장 김원봉을 비롯한 수많은 동지들은 수십 년을 함께 조국의 독립을 위해 전장에서 싸웠던 전우를 잃고 망연자실하지 않을 수 없었습니다. 그것도 드디어 해방된 조국의 땅을 밟아보려는 순간에 숨을 거둔 그의 삶이 너무나 비통하고 억울하여 다들 안타까워했다고 합니다.

2010년 9월의 독립운동가

권준 權晙

1895. 5. 2 ~ 1959. 10. 27

의열단원에서 군 장교가 되어 항일전을 치르다

"의열단의 이름으로 처단한다."

1895년 출생

1919년 신흥무관학교 졸업, 의열단 결성에 참여

1933년 황포군관학교 졸업, 중국군 장교로 항일전쟁 참여

1944년 임시정부 내무부 차장으로 교민 사회 보호 활동

1959년 서거

권준은 신흥무관학교를 졸업한 후 의열단 결성에 참여하여 독립운동 자금 조달과 의열투쟁을 지원했습니다. 이후 황포군관학교를 졸업하고 중국군 장교로 항일전쟁에 참여했으며, 임시정부 내무부 차장으로 교민 사회를 보호하기 위해 힘썼습니다.

1917년 경성공업전습소를 졸업한 후 광복회 활동에 참여하면서 독립운동을 위한 계획을 세웠습니다. 1919년에 만주로 망명한 후 신흥무관학교에 입학하여 독립운동가로서의 자질을 연마했습니다.

1919년 일제의 무단통치가 극에 달하고 3·1운동이 진압되자 권준은 비폭력 시위보다는 무력투쟁만이 독립할 수 있는 길이라고 판단했습니다. 1919년 11월 9일 중국 지린성에서 김원봉, 윤세주와 함께 의열단을 결성하고, 의열단의 활동 자금을 관리하는 중책을 맡아 부산경찰서 폭파 사건, 밀양경찰서 폭탄 투척 의거, 조선총독부 폭탄 투척 등의 의열투쟁을 지원했습니다.

1924년 1월 중국 국민당과 중국 공산당의 합작을 목격한 그는 조선도 온 민족이 하나로 뭉쳐서 역량을 발휘하는 민중 혁명이 최우선이라고 생각했습니다. 그리고 이를 선도할 정치군사 지도자, 지휘관의 능력을 갖추기 위해 1926년 3월 8일 황포군관학교 제4기생으로 입교했습니다.

권준은 황포군관학교를 졸업한 후 황포군관학교 교관으로 배속되어 군사교육을 담당했으며, 민족운동과 사회주의 운동의 협동전선운동을 추진해나갔습니다. 1932년 초 의열단 지도부는 한중 항일 연합전선을 결성하기로 하고, 중국 정부 군사위원회 위원장 장제스의 승인을 얻어 조선혁명군사정치간부학교를 설립했습니다. 1935년까지 125명의 졸업생을 배출한 이 학교는 한인을 위한 군사학교였습니다. 권준은 이 학교 교관으로서 독립운동가 양성에 혼신의 힘을 다했습니다.

1933년 권준은 중국군 장교로서 항일 무장투쟁에 참여했고, 격전 중에도 한인들로 구성된 독립운동 단체들과 연계하려는 노력을 멈추지 않았습니다. 이후 그는 대한민국 임시정부에 합류하여 내무부 차장으로 활동했습니다. 해방 후에도 광복군 제5지대장으로 동포들의 생명과 재산을 보호하는 데 힘쓰다가 1946년 12월에 귀국했습니다.

[특 집 5]

조국을 위해 기득권을 버린 위대한 가문 세 번째

독립운동가 이상룡李相龍

(1858. 11. 24 ~ 1932. 5. 12)

독립운동계의 통합을 위해 헌신한

임시정부 초대 국무령

"외세 때문에 주저하지 말고 더욱 힘써 목적을 관철하라."

- 선생의 유언

1858년 출생

1905년 가야산에 군사기지 설립

1908년 계몽단체 대한협회 안동지회 설립

1911년 이회영과 함께 신흥무관학교 설립

1919년 서로군정서 조직

1923년 국민대표회의를 통해 통합 노력

1928년 삼부 통합 운동에 전력

1932년 서거

이상룡은 우리 독립운동사에서 손꼽히는 명문가 출신의 독립운동가입니다. 그는 정통 유학자로서 엘리트 교육을 받았습니다. 일제가 명성황후를 시해하고 단발령을 선포하자 그의 외삼촌인 권세연은 의병을 일으켰습니다. 이상룡도 의병대에 들어가 전투를 치르며 독립운동에 눈뜨게 됩니다.

1905년에 조선은 을사오적에 의해 일본과 을사늑약을 체결하게 됩니다. 이로써 조선은 외교권을 박탈당하고 망국의 길을 걷게 됩니다. 이때 이상룡은 전 재산을 털어 1만 5천 금을 마련하여 박경종과 함께 가야산에 군사기지를 설립했습니다. 이곳에서 군사훈련을 실시하지만 무기의 열세 및 군기지 존속의 한계를 깨닫고 새로운 방향을 모색하게 됩니다.

이상룡의 주변에는 유인식, 김동삼 등의 훌륭한 애국지사들이 있었습니다. 그는 이들과 함께 젊은이들에게 민족정신을 일깨우는 것이 중요하다고 판단하여 협동학교를 세웠습니다. 협동학교에서는 근대교육을 가르쳤는데 오늘날 우리가 대학교에서 배우는 칸트, 홉스, 루소 등의 철학을 비판적 추론을 통해 우리 젊은이들에게 가르치는 새로운 동서양 철학의 합의점을 도출해냈습니다.

이상룡 같은 유학자가 이러한 근대적 서양 철학을 받아들이고 가르치는 것은 매우 어려운 일이었을 겁니다. 그럼에도 이것이 나라를 구하는 길이라고 여겼기에 과감히 변화를 택했을 거라고 생각합니다. 그 후 이상룡은 당시 국내 최대의 비밀결사 조직인 신민회에서 활동하며 해외 독립군 군사기지를 건설하기 위해 만주로 떠났습니다. 이때 그의 나이는 50세가 넘었습니다.

만주에 도착한 이상룡은 이회영과 함께 신흥무관학교를 설립했습니다. 그리고 한인들을 규합하여 벼농사를 지으며 군량미를 보급했습니다. 아이러니한 점은 우리의 옛 땅, 부여, 고구려, 발해의 터전이었던 그곳에서 천 년이 지난 후 조국을 되찾으려는 꿈을 키웠다는 것입니다.

1920년대가 되면 국외에 주둔하는 독립군 기지 및 독립운동 단체의 수가 늘어납니다. 다들 애국의 의지가 충천했지만 갈수록 의견이 갈라져 앞으로 나아가지 못하는 지경에 이르렀습니다. 당시 임시정부가 개조파, 창조파 등으로 나뉘자 이상룡은 각 대표들을 소집하여 독립운동계의 분열을 막기 위해 노력했습니다.

이상룡은 만주 지역에서 활약하던 김좌진, 김동삼, 오동진 등과 지속적으로 소통하며 그들과의 군사 통합에도 심혈을 기울였습니다. 또한 참의부, 정의부, 신민부를 하나로 통합하는 삼부 통합운동을 벌여 간신히 2개로 합치는 데 성공했습니다. 그러나 안타깝게도 이상룡은 그 직후에 서거하셨는데, 마지막으로 이런 말을 남겼습니다.

“외세 때문에 주저하지 말고 더욱 힘써 목적을 관철하라.”

이렇듯 이상룡은 마지막 순간까지 나라를 되찾기 위한 독립운동에 헌신했습니다. 나이 50세에 간도로 망명하여 의병, 교육, 학교 설립, 독립군 양성 등 가능한 모든 방법을 동원하여 애국을 실천한 잊혀진 영웅입니다.

2010년 11월의 독립운동가

심남일 沈南一

1871 ~ 1910. 10. 4

서당 훈장,
의병부대를 이끌어 일제를 박살내다

초야의 서생이 갑옷을 떨쳐 입고
말을 타고 남도를 바람처럼 달리리
만약에 왜놈을 소탕하지 못한다면
맹세코 모래밭에 죽어 돌아오지 않으리
- 1907년 선생의 시

1908년 4월 의병부대 결성
1908년 전남지방 의병 재건 활동, 연합의진 결성
1909년 10월 일제의 '남한폭도 대토벌작전'으로 체포
1910년 10월 대구감옥에서 사형 순국

을사늑약을 계기로 일제의 침략 야욕이 더욱 노골적으로 드러나자 심남일은 의병만이 길이라고 생각하게 됩니다. 위태로운 나라를 구하기 위해 목숨을 내던질 각오를 한 것입니다. 특히 을사늑약 이후 풍전등화의 위급한 시국과 을사오적의 농간으로 인해 나라가 완전히 망하게 되자 그는 비통함을 금치 못하고 의병을 일으켜 국권을 되찾겠다는 결심을 더욱 단단히 굳혔습니다.

하지만 혼자 힘으로 의병을 일으킬 만한 처지가 못 되었습니다. 명성이 높은 유학자도 아니었고 재력이 탄탄한 부자도 아니었기 때문입니다. 하는 수 없이 그는 1907년 후반 전라남도 서부 지역을 중심으로 활동 중이던 호남창의회맹소에 가담했습니다. 호남창의회맹소는 약 500명의 의병을 규합하여 전라도에서 가장 강력한 항일투쟁을 전개하고 있었습니다. 이 때문에 일제 군경은 이들을 진압하기 위해 온갖 수단을 동원하던 시기였습니다.

일제는 끊임없이 의병부대의 독립운동가들을 회유하는 정책과 강력한 탄압을 동시에 펼치며 우리의 정신을 압박했습니다. 결국 1908년 2월에 호남창의회맹소의 의병장들이 줄줄이 체포되어 총살당하거나 전사하면서 의병부대는 거의 와해될 지경에 이르렀습니다. 이에 심남일은 굳건한 항일의지를 불태우며 다시 의병들을 모아 독자적인 의병부대를 결성하게 됩니다. 아이들을 가르치던 서당 훈장에서 의병장이 되는 순간이었습니다.

“전국의 동포들은 다 같이 풍파를 만난 배를 탄 신세입니다. 그런

즉 앉아서 고래 떼처럼 악독한 왜놈들에게 잡아먹히기 전에 서로 분발하여 의병을 일으켜 그들을 쳐부순다면 우리 강토를 회복하고 종묘사직을 안정시키는 일은 오늘의 거사에 달려 있습니다. (……) 엎드려 바라건대 조정의 벼슬아치나 산림의 숨은 인재들은 저더러 그러한 자격이 못 된다고 하지 말고 각자 의분심을 일으켜 함께 큰일을 치러나간다면 천하만국이 또한 반드시 우리에게 호응하게 될 것입니다." (심남일의 '격고문')

전라남도의 중남부쪽을 근거지로 의병부대들 간의 연합을 주도하며 항일투쟁을 전개해나가던 심남일의 존재는 일본군에게는 눈엣가시였습니다. 일제는 1908년 후반부터 그를 체포하는 데 혈안이 되어 일진회 회원들로 구성된 정찰대를 동원하여 의병 진압에 나섰습니다. 11개 부대가 심남일의 의병부대를 진압하기 위해 동시에 출동했다는 기록으로 보아 그 영향력이 어느 정도였는지 가늠할 수 있습니다. 결국 그는 체포된 후 광주감옥에 갇혀 모진 심문을 받았습니다. 하지만 그는 굳건한 의지를 굽히지 않았으며 다음과 같이 말했습니다.

"왜적과 매국노를 제거하지 못한 것이 첫 번째 한이요, 노모를 봉양하지 못한 것이 두 번째 한이며, 죄 없는 의병들이 갇혔으나 구해주지 못한 것이 세 번째 한이고, 죽은 후에 순절한 충신들을 볼 면목이 없는 것이 네 번째 한이다."

심남일은 체포된 지 약 1년 만에 서거했습니다. 그는 죽기 전 감옥에서 다음과 같은 시를 남겼습니다.

해와 달처럼 밝고 밝던 우리 강산이

갑자기 비린 먼지 속에 묻히고 말았네

맑은 하늘 보지 못하고 지하로 가노니

붉은 피 한에 맺혀 푸른 피 되리라

2011년 1월의 독립운동가

신현구 申鉉九

1882. 12. 8 ~ 1930. 7. 13

임시정부의 연락망 역할을 한
대한독립애국단을 조직하다

1882년 출생

1915년 이화학당 교사

1919년 3·1만세시위 참여, 무단통치에 항거

1919년 5월 대한독립애국단 결성

1919년 11일 일제 경찰에 체포되어 5년간 수감생활

1924년 출옥 후 신간회 서기로 활동하며 항일운동 지속

1924년 일제 경찰에 체포, 3년 6개월 수감생활

1930년 고문 후유증으로 순국

국가보훈처는 광복회 및 독립기념관과 공동으로 1월의 독립운동가로 신현구를 선정했습니다. 신현구는 3·1만세시위에 참가하고, 대한독립애국단 단장으로 대한민국 임시정부를 지원하던 중 체포되어 고문의 여독으로 순국한 애국지사입니다.

신현구는 충청남도 논산에서 태어났습니다. 처음엔 논산에서 개척교회를 세워 전도사업을 벌였다고 합니다. 미국인 선교사 윌리엄스를 만난 후 공주 영명학교 교사로 근무했습니다. 이후 민족교육을 통한 인재 양성에 뜻을 두고 서울 이화학당 부속 여학교에서 학생들을 가르치면서 교육사업에 매진했습니다. 그러던 중 1919년 3월 1일 거국적인 만세운동이 일어났습니다. 그는 교편을 그만두고 만세시위에 적극적으로 참여하며 일제에 항거했습니다.

이때 신현구는 독립운동을 좀 더 구체적으로 전개할 필요성을 깨달았다고 합니다. 이런 계획의 일환으로 1919년 5월 대한독립애국단을 결성했습니다. 대한독립애국단은 서울에 본부를 두고 강원도, 충청도, 전라도 등지에 지부를 운영했습니다. 대한독립애국단에 대해서는 한 가지만 확실하게 기억하면 됩니다.

'대한민국 임시정부 지원.'

당시 대한민국 임시정부는 재정 지원이 매우 절실했습니다. 임시정부의 고위 관료들이 돈을 구하기 위해 말 그대로 거리로 나가 구걸까지 해야 하는 암울한 시기였습니다. 장관이나 차관이 길거리로 나가 돈을 구걸하는 모습을 상상해보셨습니까? 이들은 어떤 마음이었을까요.

신현구는 임시정부 공식 지원단체로서 대한독립애국단을 운영했고, 임시정부의 국내 연락망으로서의 역할을 하는 데 사활을 걸었습니다. 그와 동시에 서울을 거점으로 활동하던 대동단, 대한민국청년외교단 등의 단체와도 교류하며 결속을 강화했고, 3·1운동과 같은 대규모의 만세시위를 추진했습니다.

그러나 1919년 11월, 또 한 번의 거국적인 만세운동 예정일을 앞두고 대동단의 조직이 일제에 발각되고 맙니다. 이로 인해 대동단이 파괴되고 신현구의 행적도 드러나게 됩니다. 그는 11월 20일에 경찰에 체포되어 끔찍한 고문을 당하고 징역 5년형을 선고받았습니다. 만기 출옥 후에도 계속 항일운동에 참여하던 중 1927년 1월 잡지 『심경心鏡』에 항일사상을 고취하는 글을 실었다가 다시 체포되어 징역 3년 6개월을 선고받았습니다. 이번에도 그는 혹독한 고문을 받았는데, 결국 병을 얻어 1931년 6월 17일에 순국하셨습니다.

2011년 5월의 독립운동가

어윤희 魚允姬

1881. 6. 20 ~ 1961. 11. 18

유관순 열사의 멘토
유관순 열사 옆에는 어윤희 선생이 있었다

1881년 출생

1919년 3·1운동 대중화 계획, 조선독립선언서 개성 읍내 배포

1919년 4월 11일 서대문형무소 투옥, 1년 6개월 징역

1920년 4월 28일 여성들의 민족의식 고취와 교육활동에 전념

1920년 12월 독립군에게 은신처 제공 및 지원

1927년 신간회 창립 멤버

1929년 근우회 창립 멤버

1961년 11월 18일 서거

어윤희는 우리나라의 위대한 여성 독립운동가 중 한 명입니다. 동학혁명 때 남편을 잃었습니다. 여학교를 졸업하고 외딴섬에서 전도사로 일했고, 1919년 3·1운동 때 독립선언서를 배포하고 시가행진에 앞장섰다가 일본 경찰에 체포되어 2년간 옥살이를 했습니다. 우리 교과서에서는 유관순을 주로 다루고 있지만 어윤희 역시 감옥에서도 쉬지 않고 항일투쟁에 앞장섰던 여성입니다. 서대문형무소에 투옥 중인 그를 비롯하여 여성 독립운동가들은 투쟁의 의지를 더욱 견고히 다졌고, 1919년 12월 24일에 옥중 만세시위 투쟁을 전개했습니다. 1920년 3월 1일 그는 옥중에서 유관순 열사와 같이 만세투쟁을 했습니다.

여러분, 상상할 수 있겠습니까? 엄청난 고문 속에서 당장 오늘 죽을지도 모른다는 두려움, 사방에서 들리는 비명과 신음소리. 그 안에서도 끊이지 않는 만세시위. 잠시 시간을 가지고 나라면 이렇게 할 수 있었을까 생각해보기 바랍니다.

가까스로 옥중 만세시위를 진압한 간수들은 주동자를 색출하고자 혈안이 되었고, 그 와중에 유관순 열사는 지독한 고문을 당하여 결국 순국하게 됩니다.

어윤희는 고문과 회유에 마음이 약해져 일본인 간수의 밥을 나르던 조선 여인을 붙잡아 반민족적인 행동을 질책하여 스스로 무엇을 잘못했는지 뉘우치게 했습니다. 결국 그에게 영향받은 여인들은 독립투사들의 비밀 연락원 역할을 수행하게 되었다고 합니다.

감옥에서 나온 뒤 어윤희는 여성들을 대상으로 민족의식 고취와 교육활동에 혼신을 다했습니다. 그러나 이미 조용히 지내기에는 그의 역량과 영향력이 너무나 커진 후였습니다. 3·1운동의 항일투쟁 경력을 인정받아 그는 개성 지역의 민족운동 단체 지도자 역할을 하게 됩니다. 특히 개성 지역 감리교의 지도자가 되었고, 국내에 잠입한 독립운동가들에게 은신처를 제공하는 위험한 임무를 직접 수행했습니다. 더욱 대단한 것은 이러한 시기에도 여성의 권리와 권익을 위해 앞장섰다는 점입니다.

어윤희는 그동안 분산된 여성운동계를 단일조직으로 통합함으로써 근대 여성운동사에 한 획을 긋는 획기적인 전기를 마련했습니다. 근우회를 창립하여 여성의 공고한 단결과 지위 향상을 위해 힘썼고, 운동 목표로 봉건적 굴레와 일제 침략으로부터의 해방을 제시했습니다. 근우회는 지도부의 민족주의계(종교계), 사회주의계 여성운동가는 물론 여학생, 직업여성, 여성 농민, 여성 노동자, 전업주부에 이르기까지 각계각층의 여성을 망라하는 조직으로서 1930년까지 118개 지회가 설립되는 등 그 영향력이 매우 컸습니다.

1931년 5월 신간회가 해체된 이후 어윤희는 일선에서 물러나 아동복지 활동에 전념했습니다. 1937년 감리교의 지원과 개성 유지의 도움으로 '유린보육원'을 설립하고 고아들을 돌보았습니다. 해방 후에는 월남하여 서울 마포에 유린고아원을 재건하여 복지활동을 하며 여생을 보냈습니다. 그는 돌아가시기 전까지 고아원에서 아이들을 돌보다 1961년 11월 18일에 유린보육원에서 별세하셨습니다.

2012년 3월의 독립운동가

차희식 車喜植

1870. 11. 10 ~ 1939. 10. 18

극심한 일제 수탈 속에서
화성 지역의 3·1운동을 지휘하다

"지금부터 일본 경찰서를 파괴하고
일본 순사를 처단한다!"

1870년 출생

1919년 화성 지역에서 3·1만세시위 주도

1920년 일경에 체포, 징역 15년형 선고

1939년 서거

차희식은 경기도 화성 우정면과 장안면에서 일어난 3·1만세운동의 행동대장이었습니다. 그는 일제 탄압에 대한 저항으로 주민들과 함께 면사무소와 경찰서 주재소를 파괴하고 일본 순사를 처단했습니다.

차희식이 살았던 화성은 동학과 기독교가 전파되어 민족의식이 강했던 지역입니다. 특히 동학이 천도교로 발전하는 과정에서 지역 주민들의 독립의지와 자주의식이 매우 높았던 곳입니다. 차희식은 이곳에서 3·1만세시위를 주도했으며, 이로 인해 일제 경찰에 체포되었습니다. 징역 15년형을 선고받고 서대문형무소에서 온갖 고문과 악형에 시달리다 출옥했습니다.

여기서 잠깐 당시 화성 지역의 상황을 살펴볼 필요가 있습니다. 1910년 일제는 토지조사사업이라는 그럴듯한 이름으로 우리 농민들의 권리를 박탈했습니다. 갑자기 토지를 빼앗긴 농민들은 송충이를 잡거나 바닷가 간척공사 작업에 강제로 동원되었습니다.

또한 일제는 수원 지역에 농업 기반시설이 이미 잘 되어 있었음에도 불구하고 식민정책 기구인 권업모범장을 설치하여 곡물 종자를 강제로 바꿔버리고 생산 과정에 일일이 간섭했습니다. 이와 동시에 동양척식주식회사의 동척농장이 들어서면서 일본인 지주들이 대거 들어오게 되었습니다. 그들에게 혜택이 집중되면서 원래 거주하던 농민들은 일본인 지주들의 노예가 되어 노동력을 착취당해야 했습니다.

열악한 소작농의 처지에서 강제로 동원되어 일해야 했고, 설상가상으로 일본인 지주들이 화성 지역에서 염업을 벌이면서 엄청난 염세를 매기는 등 수탈이 극심했습니다. 이러한 상황에서 발생한 3·1만세시위. 당연히 이 지역의 주민들은 그 어느 곳보다 격렬하게 만세시위를 벌였습니다. 천도교, 기독교, 유교가 하나가 되어 태극기를 들고 참여했습니다.

만세시위를 벌이던 화성 주민이 피살되면서 시위는 더욱 격해져서 그 수가 무려 2500명으로 불었습니다. 그들은 횃불을 들고 행진했으며 우정면 사무소와 장안면 사무소를 파괴하고 일본 순사 가와바타를 처단했습니다. 일제는 이에 대한 보복으로 4월 15일 제암리 교회에 화성 주민들을 가둬놓고 불을 지르는 끔찍한 만행을 저지릅니다.

화성 지역의 3·1만세운동은 비폭력이 아닌 격렬한 무력투쟁이었으며, 다양한 계층과 종교계가 하나로 모여 행동한 사건이었습니다. 그리고 일제의 농민 수탈과 강압적인 통치가 어떤 결과를 가져올 수 있는지 일제에게 분명한 경고의 메시지를 보낸 사건이었습니다.

2012년 4월의 독립운동가

김대지 金大池

1891 ~ 1942. 10. 26

조국의 독립을 최우선으로 여겼던 민족의 지도자

1891년 출생

1910년 비밀결사 일합사 조직, 동화학원에서 민족교육 실시

1919년 임시의정원 의원, 의열단 창설

1920년 곽재기의 밀양경찰서 폭탄 투척과 일제 요인 처단 계획 참여

1942년 순국

김대지는 경상남도 밀양에서 태어난 독립운동가입니다. 그는 동화학원을 졸업한 후 청년회관을 건립하여 비밀결사 조직의 터전을 마련합니다. 그리고 이곳을 중심으로 항일투쟁 단체인 일합사一合社를 조직하여 밀양 지역의 청년들과 함께 독립운동의 전개 방법을 모색합니다.

일합사는 1910년 망국의 비애를 통감하고 국권 회복에 청춘을 바치겠다는 비장한 결의를 품은 20세 전후의 밀양 청년들이 조직한 단체입니다. 겉으로는 친목단체이지만 실은 조국 독립을 위해 청춘을 바치겠다는 결연한 의지를 표방한 항일투쟁 단체였죠.

1910년대 후반부터 김대지는 국내 항일운동의 한계를 깨닫고 만주 등지를 왕래하며 군자금을 확보하기 위한 활동을 전개했습니다. 당시 그의 활동은 두 가지로 귀결됩니다. 첫 번째는 군자금의 확보였고, 두 번째는 대한광복회가 거의 와해되었기에 새로운 비밀결사 조직을 만드는 것이었습니다. 그러나 1918년 5월경 그는 일본 경찰에 체포되고 말았습니다.

그는 출옥 후 만주로 망명하여 본격적인 독립운동에 전념합니다. 당시는 3·1운동 직전이라 일제의 감시가 삼엄했고 그 역시 주요 감시 대상이었습니다. 그는 비밀리에 전 재산을 처분하여 마련한 돈과 일부 친지들의 의연금을 가지고 야밤에 홀로 망명길에 올랐습니다. 아직 어린 두 남매와 임신 중인 부인, 그동안 뜻을 함께했던 동지들과 대화도 나누지 못한 채 그렇게 떠나야 했습니다.

1919년 3월 말 김대지는 김동삼, 이시영, 조소앙, 이회영 등의 애국지사들과 임시정부 수립을 준비하기 위해 상하이로 갔습니다. 이 무렵 상하이에는 각 지역의 독립운동가들이 집결하여 그 수가 천여 명에 이르렀습니다.

당시 김대지는 조사원 자격으로 고향인 밀양에 파견되어 있었습니다. 임시정부는 국내에 있는 교통국과 연통제라는 비밀조직망을 활용하여 비밀 연락을 주고받았습니다. 주로 이곳을 통해 군자금이 임시정부로 들어갔으며 국내의 독립운동가들에게 밀명이 전달되었습니다.

조사원은 자신이 맡은 지방의 재산가들을 조사하여 임시정부에 보고하는 임무를 맡았습니다. 김대지 또한 밀양의 사회 실태를 조사하고 독립자금을 조달하는 데 모든 힘을 기울였습니다.

이러한 활동은 비밀리에 이루어졌지만 부유한 재산가들을 직접 만나는 것은 엄청나게 위험한 일이었습니다. 당연히 가족과의 만남은 생각할 수 없는 일이었습니다. 김대지는 밀양의 실태 조사를 서둘러 종결짓고 1920년 이른 봄에 떠나게 되는데 이것이 그의 마지막 고향 방문이 되고 맙니다.

김대지는 단재 신채호와 함께 만주에서 지청천 장군을 만나 그의 동조를 얻는 임무를 맡았습니다. 장사꾼으로 변장한 그는 며칠 동안 백두산 일대를 헤맨 끝에 산기슭의 한 귀틀집에서 지청천 장군을 만날 수 있었습니다. 두 사람은 독립운동 동지였던 김동삼을 통해 서로의 활동상을 듣고 있던 터라 쉽게 친해질 수 있었습니다. 영웅은 영웅을 알아보는 법이니까요.

김대지는 지청천 장군에게 고향 밀양을 중심으로 폭력혁명을 위한 비밀결사 조직의 결성을 추진했으나 그 뜻을 이루지 못했다고 털어놓았습니다. 그 후 그는 곽재기, 김동삼 등의 아나키스트 동지들을 만나 비밀결사 조직의 결성을 논의했고, 젊은 청년들을 신흥무관학교에 입교시키는 데에도 큰 역할을 했습니다.

신흥무관학교를 졸업생과 재학생들이 가담하면서 그가 추진하던 비밀결사 조직의 결성은 거의 완성 단계에 이르게 되었습니다. 김대지는 독립운동가와 애국지사들에게 상하이 지역의 실정을 알리고 무력투쟁의 정당성을 설명했습니다.

이 무렵 한 청년이 그를 찾아왔는데, 그는 바로 역사상 가장 높은 현상금이 걸리게 되는 의열단장 김원봉이었습니다. 김원봉은 김대지의 추천으로 의열단 단장이 되었습니다. 김원봉을 키워낸 스승이자 의열투쟁의 멘토가 바로 김대지였습니다.

1919년 7월, 김대지는 김원봉과 함께 상하이로 가서 폭탄 제조법과 사용법을 배웠습니다. 향후 독립운동사, 특히 무장투쟁사에 큰 획을 그은 의열단의 인원 구성, 무기 구입, 폭탄 제조 등에 관한 절차와 과정, 큰 그림을 직접 보여주고 가르쳐준 것입니다.

김대지는 1920년대에 의열단 고문을 맡아 암살·파괴활동에 필요한 무기와 폭탄 구입을 전담했으며, 기밀부에 소속되어 의열단의 극비 사항을 결정하는 과정에 큰 영향력을 행사한 것으로 보입니다.

김대지가 의열단 고문 활동을 하면서 만주 지역의 여러 독립운동 단체들을 하나로 통합하려는 노력을 하던 때에 김동삼이 밀정의 고발로 일본 경찰에게 체포되고 김좌진 장군이 공산주의자 박상실이 쏜 총에 암살되는 일이 벌어집니다. 정신적인 동지이자 독립운동사의 큰 별들의 죽음은 그에게도 엄청난 충격을 주었던 모양입니다. 얼마 후 그는 지병인 폐병과 기관지염이 극도로 악화되었고 설상가상으로 가정 형편까지 매우 어려워졌습니다.

김대지의 마지막은 매우 안타깝습니다. 젊은 시절 잠시 익힌 한의학 기술로 간신히 생계를 이어가던 중 부인과 두 자녀를 영영 떠나보내게 됩니다. 상황이 이렇게 되자 평생 독립운동에 헌신했던 그도 많이 지쳤던 것 같습니다. 가족의 죽음 후 얼마 지나지 않아 1942년 10월 26일에 그토록 열망하던 조국의 광복을 보지 못한 채 순국하셨습니다.

김대지는 국내외를 오가며 오직 우리 힘으로 조국의 독립을 쟁취하겠다는 일념을 가지고 무장투쟁에 나서고 의열단의 청사진을 그렸으며, 자신의 안위와 가족보다는 조국의 독립을 먼저 생각했던 역사의 위인입니다.

2012년 11월의 독립운동가

이석용 李錫庸

1878 ~ 1914. 4. 28

37세에 형장의 이슬로 사라진
전라도를 대표하는 전설적인 의병장

임금과 부모의 은혜와 의리 하늘과 같아
만 번 죽어도 그 공을 갚을 길 없네.
태어나던 날 아침 장부의 뜻 저버려 부끄러워도
편안히 감옥 가운데 홀로 있다네.
- 생일날 대구감옥에서

1878년 출생
1907년 호남창의소 의병장 역임
1912년 임자밀맹단 비밀결사 조직
1913년 일제에게 체포
1914년 사형 순국

1905년 을사늑약이 체결되자 의병봉기가 본격적으로 일어나기 시작했습니다. 이석용은 최익현과 임병찬이 일으킨 태인의병에 가담하여 나라를 구하려 했으나 두 사람이 체포되어 의병부대가 해산되자 독자적으로 의병부대를 일으켰습니다.

1906년 이석용은 동지 고광수와 치밀하게 준비하여 마침내 호남창의소라는 의병부대를 창립하여 의병장이 되었습니다. 호남창의소는 만들어진 직후부터 혁혁한 성과를 내어 일본군에 큰 피해를 입혔습니다. 의병부대가 만들어진 직후 그는 진안읍을 공격하여 헌병분파소와 우편취급소를 파괴했습니다.

1907년이 되자 이석용은 의진약속 의령10조를 세워 의병부대의 사기와 전투력을 향상시켰으며, 일제 시설물과 친일세력인 일진회와 자위단의 처단에 앞장섰습니다. 특히 임실, 장수, 남원, 구례를 비롯한 전라도와 함양 등의 경상도를 무대로 항일투쟁을 전개했습니다. 그가 이끈 의병부대 호남창의소는 우리 독립운동사에서 가장 오래 성공적으로 지속된 의병부대입니다. 약 3년 동안 그가 크고 작은 전투에서 성과를 내자 일제는 그를 붙잡기 위해 온갖 방법을 동원했습니다. 수시로 밀정을 투입하고 진압작전을 벌이자 그는 다음번 공격을 기약하며 의병부대의 임시 해산을 선언했습니다.

1910년 우리 국권을 일본에 완전히 빼기게 되자 이석용은 의령단을 조직하여 일제와 싸우다 정의롭게 전사한 의병들을 추모하고 의병들의 전의를 가다듬었습니다. 이때 그는 일본 천황을 암살할 계획을 세우는데, 이러한 점이 다른 의병부대와의 차이점이기도 합니다.

실제로 그는 이러한 의지를 실현하기 위해 1912년 비밀결사대 임자밀맹단을 조직했습니다. 데라우치 총독, 을사오적, 정미칠적을 처단하고 도쿄와 오사카 등 일본의 주요 도시에 대한 방화를 계획했습니다. 하지만 밀정의 고발로 1913년에 체포되고 말았습니다.

재판정에서 그는 "대한의 닭이나 개가 될지언정 원수 나라의 신하가 되지는 않겠다"라고 말했습니다. 그리고 1914년 4월 28일 사형이 집행되기 직전 다음과 같은 시를 남기고 형장의 이슬로 사라졌습니다.

천고의 강상을 짊어짐은 중요하고
삼한의 해와 달은 밝게 비치는데
외로운 신하 만 번 죽어도 마음 변치 않으니
사람으로 머리 숙여 사는 것보다 훨씬 낫다네

이석용의 의병부대와 활약은 수많은 청년 애국지사들에게 불꽃이 되었고 귀감이 되었습니다.

2014년 10월의 독립운동가

한징 韓澄

1886. 2. 20 ~ 1944. 2. 22

언어 독립운동가
조선어대사전을 편찬하다

"말과 글은 민족정신의 가장 중요한 소산인 동시에
민족정신이 거기에 깃들이는 둥주리다.
민족문화의 창조 계승 발전은 그 말과 글의 의지에 있다."
- 한징

1886년 출생

1922년 신문사 편집 기자

1929년 조선어사전 편찬위원 활동

1931년 조선어학회 회원

1933년 『조선중앙일보』 편집

1934년 조선어표준사정위원회 사정의원 활동

1940년 『조선어사전』 편찬

1944년 서거

한징은 이윤재와 함께 조선어사전을 편찬하던 중 조선어학회 사건으로 옥중 순국한 한글학자입니다. 우리의 말과 글을 지키는 것이 자신들이 할 수 있는 독립운동이자 애국활동이라고 믿었던 지성인들이고, 그들의 신념이 오늘의 한글 사용에 미친 영향을 생각해보면 이분들의 생애를 돌아보지 않을 수 없습니다.

해외에서 독립운동을 하던 이극로는 1929년 1월에 귀국한 후 우리 민족의 사전을 편찬하자는 이윤재의 제안을 적극 수용하여 조선어사전 편찬회를 조직했습니다. 우리 민족과 민족성을 영구히 유지할 수 있는 방법은 국어사전을 편찬하는 것이라는 신념을 가지고 추진했죠. 한징은 사전 집필을 맡아 이극로, 이윤재와 함께 참여했습니다. 이극로는 순수 조선어를 맡았고, 한징은 한문 계통의 어휘를 총정리했다고 합니다.

그에 관한 기록을 잠시 살펴보겠습니다.

"해방 뒤 한글날을 맞이하여 조선어학회의 동지 이중화 선생은 한징 선생에 대해 "한징 씨는 그 집안이 400여 년 서울에 근거를 가진 집이니만큼 정확한 발음을 압니다. 발음과 한자말 주석에 공적이 큽니다. 이 사람 역시 빈한하기 짝이 없었습니다. 그의 부모에 대한 효성은 유명한 이야기로 참으로 모범적인 인물이었지요." (「존귀한 희생자」, 『자유신문』, 1945년 10월 9일)

당시 사전 편찬원으로 함께 일했던 권승욱도 한징이 "언제나 쉴 새

없이 원고 쓰시기에 온 정력을 기울였다"라고 회고했습니다. 일제강점기 말에 조선어학회 서기로 근무했던 이석린은 당시 조선어학회에서 받는 월급이 박봉이어서 한징은 퇴근한 뒤에도 인쇄소에 가서 교정 보는 일을 했다고 말했습니다.

1937년 중일전쟁 발발 후 한글날 행사가 금지되자 조선어학회 학자들은 사무실에서 몰래 한글날 행사를 거행한 뒤, 신문지를 펴놓고 북어를 안주 삼아 막걸리를 한 잔씩 마셨다고 합니다. 이때 한징은 "원고를 속히 마치도록 합시다. 그래서 큰사전을 하루빨리 활자화하여 얼른 세상에 퍼뜨려야지, 까딱했다가는 모든 일이 수포로 돌아갈 우려가 있소. 왜놈들 하는 짓이 날로 수상합니다"라고 말했다고 합니다.

한징은 순 우리말 사전인 조선어사전을 빨리 세상에 내놓고 싶어 했으며, 우리말을 보존하고 우리 민족을 영원히 유지하고자 했습니다. 영웅은 영웅을 알아본다는 말이 있습니다. 그의 이런 신념과 태도는 함께 사전을 편찬한 이윤재와 이극로의 태도에서도 찾아볼 수 있습니다.

"말과 글은 민족과 운명을 같이한다. 일본이 조선의 글과 말을 없애 동화정책을 쓰고 있으니 우리는 무슨 수를 써서라도 우리글과 우리말을 아끼고 다듬어 길이 후세에 전해야 한다. 말과 글이 없어져 민족이 없어진 가까운 예로 만주족이 있지 않은가. 우리가 우리의 말과 글에 대한 글을 써두고 조선어사전을 편찬해두면, 불행한 일이 있더라도 후에 이것을 근거하여 제 글과 말을 찾아 되살아날 수도 있을 것이다. 따라서 민족의 말과 글을 아끼고 사랑하는 것은 나라를 사랑하는 길이 되고 또 민족운동이 되는 것이다." (이윤재가 청년들에게 한 말)

"어떻게 해서든지 조선어사전을 완성하여 내놓아 이것이 어느 구석에 박혔다가 후일 때가 돌아오는 날 민족의 말을 되살리는 계기가 되게 해야지 그렇지 않으면 우리말과 조선의 혼은 영원히 말살되고 마는 운명에 이를지도 모를 일이니 끝까지 고생을 참고 일할 수밖에 없다." (이극로가 동지들에게 한 말)

당시 일제는 민족말살 정책의 일환으로 우리말과 한글의 사용을 금지했습니다. 이에 조선어학회 학자들은 사전의 완성을 통해 우리말과 조선의 혼을 영원히 유지하고자 했으며, 언젠가 조국이 광복되는 그날 우리 민족의 말과 글을 되살릴 수 있다고 확신했습니다. 그러나 1942년 10월 일제는 사전 편찬위원 전원을 긴급체포하고 사전 원고 및 서적들을 압수했습니다. 이것이 '조선어학회 사건'입니다.

민족의 언어를 영원히 유지한다는 것은 무슨 의미일까요? 이것은 민족정신의 유지, 즉 투쟁의 씨앗이 될 수 있기에 언어 독립운동에 해당합니다. 국어학자들이 자신의 분야에서 최선을 다하는 것도 나라를 지키려는 행동의 하나였던 것입니다.

한징도 조선어학회 사건에 관련되어 1942년 10월 1일에 체포되었습니다. 함경남도 홍원경찰서에 구금되어 매일 난타를 당하고 물고문을 당했습니다. 그는 왜 사전을 편찬했느냐는 일본 순사의 질문에 "조선 사람이 조선말을 쓰고 조선말을 사랑하는 것이 무슨 죄가 되느냐"고 항의했다고 합니다. 그는 광복을 1년 앞둔 1944년 2월 22일 고문 후유증으로 옥중에서 순국하셨습니다.

고문 속에서도 극적으로 살아남은 조선어학회장 이극로 선생은 광복 후 이렇게 말했습니다. "한징 선생은 조선어사전 편찬 사업에 종시일관 관계하여 사전 편찬에는 누구보다도 그의 공로가 크다고 하지 않을 수 없다." (이극로, 「이미 세상을 떠난 조선어학자들」, 『경향신문』, 1946년 10월 9일)

2014년 12월의 독립운동가

오면직 吳冕稙

1894. 6. 15 ~ 1938. 5. 16

의열투쟁으로 친일파를 처단한 사나이

1894년 출생

1919년 3·1만세시위 참가

1920년 진남포경찰서 폭탄 투척

1922년 한국노병회 가입, 허난성 군관학교 입학

1933년 5월 밀정 이종홍 사살, 7월 밀정 옥관빈 사살

1934년 한국독립특무대에서 김구의 비서로 활동

1936년 2월 맹혈단 조직 후 독립운동 자금 모집

1936년 5월 일본 경찰에 체포

1938년 5월 평양형무소에서 순국

오면직은 평생 의열투쟁 활동에 투신한 독립운동가입니다. 우리는 의열투쟁 하면 의열단을 제일 먼저 떠올립니다. 하지만 당시 의열투쟁을 하던 단체는 의열단 말고도 많이 있었습니다. 오면직의 의열투쟁은 일본 제국주의 세력 척결, 일제 기관 파괴, 친일파 척결 등이었습니다.

우리가 알고 있는 윤봉길 의사의 상하이 홍커우 공원 폭탄 투척은 원래 오면직과 같이 의열투쟁을 하던 의열단원들이 하기로 되어 있었습니다. 정확히 말하면 의열단원이었던 이용준이 폭탄을 투척하기로 결정되었습니다. 그러나 거사는 김구 선생이 이끌던 한인애국단의 윤봉길 의사가 실행하기로 변경됩니다.

그 뒤 오면직은 중국에 거주하고 있던 일본공사 아리요시 아키라의 암살 모의에 참여했습니다. 아리요시 아키라는 장제스를 매수하여 국민당과 중국군이 만주를 포기하게 하는 밀약을 체결한 인물입니다. 이 때문에 아나키스트 의열단원들은 밀약 체결을 막기 위해 아리요시 암살 계획을 세우고 준비에 착수했습니다. 당시 서로 암살을 결행하겠다고 주장하는 바람에 결국 제비뽑기로 결정했다고 합니다. 그 결과 독립운동가 백정기가 뽑혔다는 일화가 있습니다.

비록 아리요시 아키라 암살 계획은 실패했지만 이 사건은 상하이, 베이징, 난징, 톈진 등 지역 신문에 대서특필되며 장제스와 아리요시 아키라의 밀약이 세상에 폭로되었습니다. 이 사건은 엄청난 파장을 일으켜 국민당을 위기로 몰아넣었습니다.

그 후 오면직은 일제의 밀정 이규서와 연충렬을 처단했습니다. 두 사람은 이회영을 일본 경찰에 밀고한 자들이었습니다. 오면직은 이규서와 연충렬에게 상하이에 자금을 입수하러 가자며 철교 부근으로 그들을 유인하고서는 일본의 밀정 노릇을 한 것을 자백받고 현장에서 사살했습니다.

오면직은 또 다른 밀정 옥관빈을 사살한 사건으로도 유명합니다. 옥관빈은 당시 일본 군대를 위해 막대한 자금을 제공하고 일본 관리에게 독립운동에 관한 정보를 제공했습니다. 이에 오면직은 아나키스트 멤버와 함께 수일 동안 잠복하여 기회를 엿보다 옥관빈을 사살했습니다. 그리고 '역도 옥관빈의 죄상을 선포한다'라는 제목의 전단을 배부하여 여섯 가지 죄목을 천하에 폭로했습니다.

이후에는 김구 선생과 함께 한국독립군을 조직하는 데 힘썼고, 한국독립군특무대라는 비밀결사를 만들었습니다. 그러나 거리에서 활동자금을 모금하던 중 중국 경찰을 앞세운 일본 경찰에 의해 체포되었습니다. 체포 과정에서 일본 경찰과 중국 경찰 다수가 부상을 당했습니다. 결국 오면직은 평양형무소에서 사형이 집행되었습니다.

지금까지 살펴본 것처럼 오면직은 1938년 일제에 의해 사형을 당하기 전까지 민족해방 운동에 일생을 바쳤습니다. 처음에는 민족주의자로 출발했으나 1930년 무렵 아나키스트가 된 후에는 의열투쟁을 통해 일본 제국주의 세력과 친일파들을 척결하고자 했습니다.

2015년 7월의 독립운동가

송헌주 宋憲澍

1880. 10. 22 ~ 1965. 7. 31

'헤이그 특사 3인방' 뒤에는
숨은 조력자 송헌주 선생이 있었다

"미주 한인 전체의 역량을 집중하여
임시정부를 후원하며 국민선전에 노력한다."

1907년 6월 미국 로녹대학 입학
1907년 6월 헤이그 특사 이상설, 이준, 이위종 지원 임무 수행
1915년 6월 프린스턴대학 석사학위 취득
1919년 3·1운동 직후 독립금 3만 5천 달러 지원
1919년 8월 구미위원부 위원 선임(서기)
1939년 대한인국민회 중앙집행위원장
1941년 캘리포니아 주 민병대 소속 한인국방경위대 정위
1965년 서거

송헌주는 우리에게 잘 알려지지 않은 독립운동가입니다. 처음 '독립운동가 잊혀진 영웅들'을 작업할 때 "안중근 의사만 기억해서는 안 된다. 이토 히로부미 척살에 숨은 조력자 유동하 선생을 기억해야 한다"라고 주변에 말했었는데 송헌주 또한 같은 논리로 헤이그 특사 3인방의 숨은 조력자라고 생각하면 됩니다.

그는 미국에서 독립운동을 전개했는데 미주 독립운동가라고 하면 대부분 안창호와 박용만 정도만 기억합니다. 개인적으로 송헌주 같은 분들도 기억해주었으면 하는 바람이 있습니다.

1907년 고종은 송헌주에게 특명을 내렸습니다.

"헤이그 특사로 이준, 이상설, 이위종을 보낼 테니 그들을 안내하고 도우라."

이에 따라 송헌주는 1907년 6월 네덜란드 헤이그에서 제2차 만국평화회의에 고종의 특사로 참여한 뒤 통역관으로 활동하면서 한국의 독립을 호소했습니다. 그러나 일제의 방해로 임무를 수행하지 못한 그는 지식인으로서 그리고 통역관으로서 역량을 키우기 위해 미국으로 건너가서 로녹대학과 프린스턴대학에서 학위를 취득했습니다.

그러던 중 1919년 3월 그에게 조국의 목소리가 들려왔습니다. 3·1만세시위와 1919년 4월 대한민국 임시정부 수립을 알리는 소리였습니다.

송헌주는 그 소식을 듣자마자 하와이 한인들을 규합하여 독립자금을 마련하는 데 앞장섰습니다. 그 결과 1919년 4월부터 6월까지 두 달 동안 5만 달러 약정, 현금 3만 5천 달러를 모아 전액을 임시정부에 지원했습니다. 1939년 대한인국민회 중앙집행위원장으로 선출되었고, 미주 한인단체들을 통합하고자 했습니다.

1941년 그는 캘리포니아 주 민병대 소속 한인국방경위대 정위로 임명되었습니다. 오늘날의 대위 계급에 해당합니다. 지식인에서 군대 장교로 변신하는 순간이었죠. 개인적인 생각이지만 어쩌면 그는 한국광복군에 참여하여 직접적인 투쟁의 기회를 모색했는지도 모릅니다. 당시 그는 이승만 초대 대통령과 대립하다가 결국 좌천됩니다. 태평양전쟁 직후 집행부 위원으로 참여하며 국방과장을 맡은 사실로 보아 이런 추정이 가능합니다.

1945년 드디어 광복을 맞았을 때 그의 나이는 65세였습니다. 하지만 그는 해방된 조국의 땅으로 돌아오지 못했습니다. 이에 대해서는 세 가지 설이 있습니다.

첫째, 이승만 대통령과의 대립
둘째, 재정적인 부담 및 고령의 나이
셋째, 미국에서의 삶에 익숙해진 1세대 이민자

이유야 어찌되었건 송헌주는 로스앤젤레스에서 상점을 경영하다가 1965년 7월 31일 85세의 나이로 돌아가셨습니다. 그의 유해는 로

스데일 공동묘지에 묻혔습니다. 그로부터 30년 후 대한민국 정부는 그의 공로를 기려 독립장을 추서했습니다.

2015년 9월의 독립운동가

이준식 李俊植

1900. 2. 18 ~ 1966. 4. 5

한국광복군 창설을 주도한 군인
한국광복군 제1지대장

1900년 출생

1921년 중국 군사학교 졸업

1929년 조선혁명군 참모장

1931년 한국군인회 조직

1937년 중일전쟁 발발 시 항일전투 참여

1940년 한국광복군 총사령부 참모, 제1지대장

1966년 서거

이준식은 1919년 중국 군사학교를 졸업한 뒤 독립군과 광복군을 거쳐 해방 후에도 대한민국의 군인으로 40년 동안 살았습니다. 이렇듯 일평생을 무관으로 보낸 항일 군인 독립운동가입니다.

그는 어린 시절부터 군인이 되어 독립전쟁에 뛰어들겠다는 뜻을 품었습니다. 1919년 3·1만세시위운동 이후 상하이로 가서 군인이 되기로 합니다. 당시 상하이는 약소민족의 혁명가들이 활동하던 거점이었습니다. 상하이에서 임시정부가 설립되자 이준식도 임시정부로 들어가서 중국 군관학교에 입학한 것입니다.

이준식이 들어간 군관학교는 군 간부를 양성하는 윈난강무학교였습니다. 1910년대부터 많은 조선의 청년들이 이곳을 거쳐갔습니다. 김홍일, 김훈, 최용건 같은 독립운동가를 배출했으며, 해외 무장투쟁사에 큰 역할을 해내는 인물들이 이 학교를 졸업했습니다.

학교를 졸업한 이준식은 만주로 가서 대한통의부에 가입했습니다. 대한통의부는 1922년 만주에서 조직된 항일독립군 연합단체입니다. 자유시 참변 이후 침체된 독립군들을 통합한 단체라고 보면 됩니다. 그 후 3부(참의부, 정의부, 신민부)가 조직되었을 때 이준식은 정의부에서 활동했습니다. 정의부는 서로군정서, 의성단, 독립군당 등 12개 독립군 단체를 통합한 정부 행정기관 겸 군사기지였습니다. 이준식은 정의부 군사위원장에 임명되었습니다.

그 후 조선혁명당 산하 무장단체인 조선혁명군 참모장으로 활동하다가 김구 선생이 이끌던 한인애국단의 이봉창 의사가 일본 왕을 폭살하려던 항일투쟁에 감동받아 한국군인회를 조직했습니다. 이준식은 김구 선생과 연계하여 항일투쟁을 전개했고 폭탄을 던져 항쟁해야 한다고 주장하며 국내와 국외에서 모여든 청년들을 한인애국단에 소개했습니다. 그의 이런 계획과 활동이 일본 경찰에 알려져 감시를 받던 중 윤봉길 의사의 훙커우 공원 의거가 일어났습니다. 이때 이준식은 상하이를 탈출했습니다.

상하이를 떠난 그는 1937년까지 중국군 장교로 항일전쟁을 치렀고, 그 와중에도 임시정부를 위해 크고 작은 노력을 다했습니다. 1940년에 임시정부에 한국광복군이 창설되자 이준식은 총사령부 참모로 임명되었습니다. 그는 광복군 제1지대장에 임명되어 수많은 애국지사들과 함께 일본군과 치열한 전투를 벌이며 항전했습니다.

이준식은 해방될 때까지 광복군 총사령부에서 활동했습니다. 해방 후에는 사단장, 군단장을 역임하고 육군 중장으로 예편했습니다. 그 뒤 재향군인회 회장 및 광복회 회원으로 활동하다가 서거하셨습니다. 1919년 독립운동에 뛰어든 이후 40년 동안 그의 일생은 군인의 삶 그 자체였습니다.

독립운동가

차리석車利錫

1881. 7. 27 ~ 1945. 9. 9

**마지막까지 임시정부를 지킨
청년 독립운동가의 선생님**

"차리석 선생은 해외 혁명운동자 가운데
특히 강력한 정신력을 소유하시기로 유명하시었다.
탁월한 사무 처리의 기능이나 병중에서도 최후의 일각까지
맡으신 사명을 완수하신 강한 책임감은 한국 독립운동에 피가 되고
살이 되었다 해도 과언이 아닐 것이다."
- 김구 선생

1881년 출생
1907년 대성학교 교사
1911년 조선총독 암살 시도 사건에 연루되어 체포
1919년 3·1만세시위 참여
1921년 『독립신문』 편집국장
1945년 임시정부 활동 중 순국

1907년 차리석은 안창호가 설립한 대성학교 교사로 부임하여 학생들에게 민족교육을 가르쳤습니다. 그 후 안창호, 양기탁이 주도하여 조직한 비밀결사인 신민회에 가입하여 평양 지역에서 활동했습니다. 신민회는 '교육으로 나라를 구한다는 교육구국', '독립군 기지 개척으로 독립을 쟁취하는 군사기지 설립', 이 두 가지 목표를 위해 다양한 방법을 준비, 계획하고 있었습니다. 그 결과로 1911년 이상룡, 이시영이 서간도로 건너가 독립군 기지를 개척하여 일본군과의 전투를 준비하기 시작했습니다.

차리석은 안창호의 영향을 많이 받았습니다. "아는 것이 힘이다"라는 안창호의 철학은 교육을 통해 젊은이들을 계몽시키자는 것이었습니다. 그 젊은이들이 세상을 바꿀 수 있다는 믿음 때문입니다. 안창호의 교육철학을 실천하던 차리석은 일제가 독립운동가들을 탄압하기 위해 조작한 '데라우치 총독 암살 시도 사건'에 연루되어 1911년 1월에 체포되어 3년 동안 감옥살이를 하게 됩니다.

1919년 3·1만세시위가 벌어졌을 때 차리석도 평양에서 참여했으며, 그 후 무력투쟁의 뜻을 품고 상하이로 갔습니다. 상하이에서 그가 처음으로 찾아간 곳은 임시정부였습니다. 이곳에서 그는 임시정부의 기관지인 『독립신문』의 기자로 일했습니다. 『독립신문』은 주 3회씩 발행되었는데 만주 지역 독립군들의 활동을 자세히 알리고 임시정부의 활동에 대해 동포들과 독립운동가들에게 전하고자 했습니다.

차리석은 독립의 꿈과 희망을 심어주는 언론인으로서의 역할에 최선을 다했습니다. 또한 미국에서 활동하던 독립운동가들을 취재 보도하여 세계 각지의 독립운동 세력들이 고립되지 않도록 독립의 열망을 북돋아주었습니다.

1920년대가 지나면서 독립운동사에 크고 작은 사건들이 일어납니다. 만주 지역의 봉오동 전투, 대전자령大甸子嶺 전투, 청산리 전투, 간도 참변, 자유시 참변 등등. 이 때문에 독립운동 단체들이 분산되고 임시정부의 무용론이 제기되는 등 독립운동의 암흑기가 찾아옵니다.

이런 시기에 차리석은 김구, 이시영, 조소앙, 이동휘, 조완구 등 임시정부의 주요 인물들과 교류하며 독립운동계의 단결이 그 어느 때보다 필요하다는 것을 신문을 통해 피력했습니다. 아래는 차리석이 지면을 통해 한 말입니다.

"임시정부의 내일은 곧 군주제의 청산이며, 민주화의 새 출발을 기약함에 있습니다. 대통령을 중심으로 일사불란하게 전진하고 대동단결합시다."

차리석은 글을 발표하는 것 외에도 안창호가 조직한 흥사단에 가입하여 청년 인재 양성을 위한 노력에도 힘을 보탰습니다. 수시로 청년들을 대상으로 강연과 토론을 진행했으며, 민족정신을 교육했습니다. 흥사단에서 차리석은 이사로 재직하며 1945년 광복이 될 때까지 지속적으로 활동했습니다. 1922~1931년은 임시정부의 침체기였음에도 그의 독립에 대한 열정은 조금도 식지 않았던 것입니다.

이봉창, 윤봉길의 의거 후 일제의 독립운동 단체에 대한 감시는 절정을 이루었고 임시정부는 상하이에서 항저우로 옮길 수밖에 없었습니다. 그 후에도 임시정부는 여러 번 옮겨가야 했는데 중일전쟁에서 중국이 불리하게 돌아가자 어쩔 수 없이 이동하게 되었던 거죠. 결국 임시정부는 충칭으로 옮겨가게 되었으며, 이곳에서 임시정부 직할부대인 한국광복군이 창설되어 군사작전을 전개하게 됩니다.

이 과정에서 크고 작은 일들이 벌어졌을 것이고 변절자와 밀정이 있었을 것입니다. 그리고 서로 다른 단체들과의 연합, 끝없이 이어지는 중국과의 외교, 임시정부 운용자금 확보 등 각자 자신의 역할을 수행한 숨은 영웅들이 있었습니다. 차리석도 임시정부를 지킨 사람 중 한 명이었습니다. 그는 국무위원, 중앙감찰위원장을 겸직하며 광복군의 항일전투 준비에 최선을 다했습니다.

그러던 중 갑작스럽게 해방이 되었습니다. 그러나 그것은 우리의 힘으로 쟁취하지 못하고 미국의 원자폭탄 투하로 인한 일본의 무조건 항복으로 맞이하게 된 해방이었습니다. 한국광복군은 서울 진공작전을 코앞에 두고 실행하지 못했습니다.

1945년 9월 9일, 차리석은 해방을 맞은 후에도 조국 땅을 밟아보지 못한 채 임시정부 청사에서 한 많은 세상을 등지고 눈을 감으셨습니다.

그 뒤 김구 선생의 아들 김신 장군이 이동녕의 유해와 함께 차리석의 유해를 모셔다가 지금의 서울 용산구 효창공원에 안장했습니다. 1948년 사회장을 치를 당시 이시영, 김구 선생은 차리석에 대해 이렇게 말하며 추모했습니다.

"차리석 선생은 해외혁명 운동가 가운데 특히 강력한 정신력을 소유하시기로 유명하시었다. 탁월한 사무 처리의 기능이나 병중에서도 최후의 일각까지 맡으신 사명을 완수하신 강한 책임감은 한국 독립운동에 피가 되고 살이 되었다 해도 과언이 아닐 것이다."

[특 집 6]

여성 독립운동가들

1. 이화림李華林 (1905~1999)

–

이봉창, 윤봉길 의거의 숨은 조력자,
백범 김구 선생 비서, 조선의용대 대원

2. 동풍신董豊信 (1904~1921)

–

북한의 유관순, 함경도에서 3·1만세시위를
벌이다 옥에서 순국한 17세 소녀

3. 김알렉산드라 (1885~1918)

–

독립운동가의 딸, 한국 최초의 공산주의자,
독립투쟁에 앞장선 고려인

4. 박자혜朴慈惠 (1895~1943)

\-

간호사 출신으로 항일운동에 앞장섰던
단재 신채호 선생의 부인

5. 부춘화夫春花 (1908~1995)

\-

일제의 수탈에 맞서
일경 파출소를 습격한 제주도 해녀

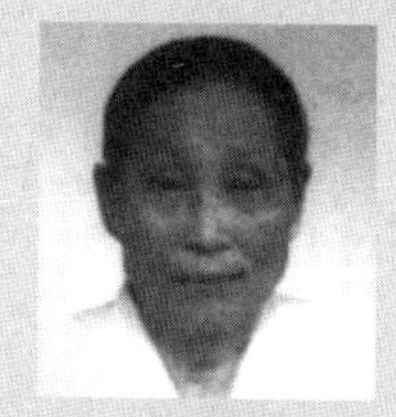

6. 정칠성丁七星 (1897~1958)

\-

조선의 기생, 기름과 빗을 던지고
독립운동에 뛰어들다

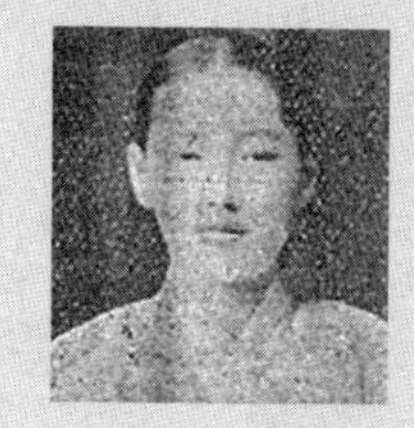

7. 주세죽朱世竹 (1901~?)

\-

박헌영의 아내이자 동반자. 3·1만세시위에
참여하고 1급 범죄자의 아내로 살며
반일운동에 앞장선 여성 혁명가

8. 이희경李喜儆 (1894~1962)

\-

하와이 이민 1세 독립운동가 1호

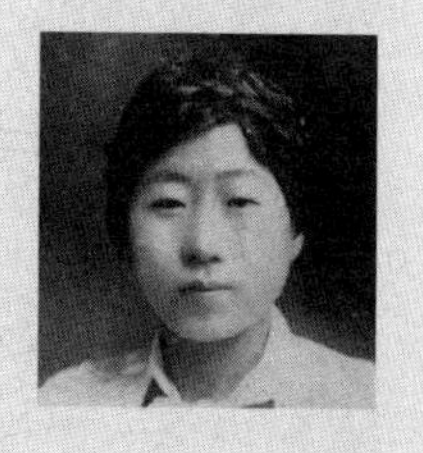

9. 방순희方順熙 (1904~1979)

-

민족교육에 뜻을 두었던
대한민국 최초 여성 국회의원

에필로그

1932년 4월 29일 상하이 의거 직전 윤봉길 의사는 김구 선생에게 마지막으로 이런 말을 남겼습니다.

"내 시계는 6원을 주고 산 것인데 선생님의 시계는 2원짜리이니 내 것과 바꾸세요. 나는 이제 시계를 볼 시간이 한 시간밖에 남지 않았습니다."

남자현 여사는 서거하시기 직전에 조선의 독립은 정신에 있다고 말했습니다. 선조들이 남겨주신 그 정신, 신념, 그리고 믿음. 대체 그것이 무엇일까요? 왜 그렇게까지 모든 걸 걸고 독립운동을 했으며, 우리 후손들이 살아갈 세상을 위해 자신을 희생했을까요? 아마도 나라를 사랑하는 마음이 자신과 가족을 사랑하는 마음과 일맥상통하거나 더 크셨기에 가능했다고 생각합니다.

부모님이 자식을 위해 인생 전부를 투자하고 아낌없는 사랑을 주듯

이, 민족의 지도자들과 젊은이들이 다음 세대와 후손들을 위해 인생 전부를 투자했던 것입니다.

무모하고 두려움이 없어 보이며 초인적인 정신력을 가진 사람들의 이야기로 들릴지도 모릅니다. 하지만 이 책을 쓰면서 내가 잘못 생각하고 있었다는 것을 깨달았습니다. 그분들은 우리와 똑같은 평범한 사람들이었습니다. 그분들도 사랑하는 사람이 있었고, 사랑하는 가족과 부모님이 있었으며, 견딜 수 없는 고문에 매 순간 죽을 고비를 넘겼고, 안락한 삶의 유혹에 마음이 흔들렸을지 모릅니다.

얼마나 힘들고 무서웠을까요? 내가 가진 상식으로는 도저히 이해할 수 없는 결단력과 그분들의 애국심. 약 80년 전으로 돌아가, 그 시대를 살아간다면 우리는 독립운동을 할 수 있을까요? 아마 쉽게 답하기 어려울 것입니다.

상하이 훙커우 공원에서 열린 일본의 승전기념식과 일본 천황의 생일을 축하하는 자리에 눈에 보이는 건 모두 총칼을 찬 일본 군인과 경찰들, 그 사이에 홀로 폭탄을 들고 서 있던 25세의 윤봉길 의사는 어떤 마음이었을까요. 얼마나 두려웠을까요. 그리고 나라면 어떻게 했을까요?

이분들의 이야기를 통해 삶의 본질적인 가치, 내가 무엇을 위해 살아야 하며, 어떻게 살아가야 하는지에 대해 생각하는 시간이 되길 바랍니다. 나아가 소신 혹은 철학을 갖게 되기를 바랍니다. 오늘날 젊은

이들의 애국심에 작은 물결이 되길 진심으로 바랍니다.

우리 역사를 공부하다 보면, 잊어서는 안 되는 중요한 점을 간과하기 쉽습니다. 가령 단식으로 순국하시고, 나라를 잃었을 때 자결하며, 손가락을 잘라 혈서로 조선의 독립을 부르짖는 행동을 보면서 공감할 수 있는 거리를 넘어서기에 아예 공감을 하지 못하는 딜레마에 빠지게 됩니다.

사람마다 인식의 차이가 있기에 서로 다른 결과를 가져올 수도 있겠지요. 그렇지만 상상하고 또 상상하며 질문해볼 것을 권합니다. 나라면 이럴 수 있을까? 이 질문 뒤에 "정말로 나라면 어떻게 했을까?" 하고 되물어보는 것입니다. 저처럼 평범한 사람조차 이런 과정을 통해 그분들의 신념을 조금은 이해하게 되었습니다. 얼굴 한 번 보지 못한 후손들에게 나라를 되찾아주고 싶은 그 간절한 염원. 그분들이 지었을 눈빛, 그분들의 마지막 미소를 떠올린다면 황홀한 떨림과 함께 입에서 감탄사가 나오며 온몸에 소름이 돋을 것입니다.

마음속에 열정이 있고, 세상을 바꾸려는 생각이 있으며, 직접 행동할 수 있는 사람이 '청년'이라고 생각합니다. 이 세상은 바뀌어야 한다고, 이 세상은 더 나아져야 한다고 생각한다면, 어르신들도 '청년'이라고 불릴 자격이 충분하다고 믿습니다.

우리가 행동하고 선택한 결과는 우리가 살아 있는 동안 계속 우리의 삶에 영향을 미칠 것이고, 우리가 죽은 다음에도 그 결과는 남아서 이 나라와 이 땅과 우리 자손들에게 영향을 미칠 것입니다.

독립운동과 의병활동을 했던 분들을 우리가 기억해야 하는 이유가 무엇일까요.

첫 번째는 그분들의 희생 때문입니다. 그분들이 남긴 정신은 민주화운동, 독일 광부와 간호사 파견, 새마을운동, 한강의 기적, 이민자들의 성공 사례, 국제 스포츠경기에서의 활약으로 이어져 전 세계에 자랑스러운 태극기를 휘날리게 되었습니다. 우리는 이런 의지를 이어받아 우리 후손들을 위해 이 나라를 더 아름답고 더 정의롭고 더 따뜻한 세상으로 만들어야 하는 의무가 있습니다.

두 번째는 알려야 하기 때문입니다. 아무리 오랜 시간이 지나도 나라와 민족을 위해 정의롭게 행동했던 일은 눈부시게 빛난다는 것을, 그리고 아무리 시간이 지나도 더럽고 추악한 짓은 역사의 심판을 받는다는 것을 보여줘야 하기 때문입니다. 이런 이유로 친일파와 위안부 할머니 문제 같은 반민족적·반인륜적·반윤리적 행위에 대해 가해자의 진심 어린 사과가 있어야 합니다. 피해 할머니들이 한 분이라도 살아 계실 때 오늘을 살아가는 우리 '청년'들이 나서야 합니다. 그렇지 않으면 가해자는 "어쩔 수 없었다. 시대가 그랬다. 확실한 증거가 있느냐"는 식의 망언을 되풀이하고 과거의 잘못을 '정당화'할 테니 말입니다.

위기는 위험한 기회라는 말이 있습니다. 그 어느 때보다 온 국민이 나라 걱정을 하고 있는 지금, 한편으로는 고마우면서도 한편으론 씁쓸한 것이 제 솔직한 마음입니다. 이 위기를 교훈 삼아 온 국민이 더욱 열심히 살아가고 나라의 안위를 걱정한다면 이는 실로 위대한 전환이 될 것입니다.

잊어선 안 됩니다. 지금, 그리고 앞으로 대한민국의 가능성이 우리라는 것을. 우리는 수많은 역경을 이겨내고 찬란한 역사를 가지고 있다는 것을. 마지막으로, 우리는 정말 자랑스러운 한국인이라는 것을 말입니다.

참고자료

- 강만길 편, 『밀양의 독립운동사』, 밀양문화원, 2003.
- 국사편찬위원회, 『대한민국임시정부자료집』 1-45, 2005~2011.
- 김광재, 「한국광복군」, 『한국독립운동의 역사』 52, 독립기념관 한국독립운동연구소, 2007.
- 김영범, 『의열투쟁 1-1920년대』, 독립기념관 한국독립운동사연구소, 2009.
- 김영범, 「1920년 밀양 항일폭탄의거의 배경과 전말」, 『한국민족운동사연구』 85집, 2015.
- 김준엽·김창순, 『한국공산주의운동사』 4, 고려대학교아세아문제연구소, 1973.
- 박선경, 『의열단에 가담했던 하나님 나라의 일꾼들』. 한국학술정보, 2007.
- 박용규, 『우리말 우리 역사 보급의 거목 이윤재』, 독립기념관 한국독립운동사연구소, 2013.
- 박용규, 「조선어학회 사건의 민족사적 의미」, 『독립정신』 72, 대한민국임시정부기념사업회, 2013년 11·12월호.
- 박용규, 『조선어학회 항일투쟁사』, 한글학회, 2012.
- 박은식, 『한국독립운동지혈사』, 『박은식전서』, 『한국통사』.
- 박태원, 『약산과 의열단』, 백양당, 1947(깊은샘, 2000 재간).
- 변주승, 「염재 조희제와 염재야록」, 『국학연구』 15, 2009.
- 송상도, 『기려수필』. 국사편찬위원회, 1971.
- 신주백, 『만주지역 한인의 민족운동사(1920-45)』, 아세아문화사, 1999.
- 윤선자, 「임실지역과 한말 항일의병」, 『역사학연구』 30, 2007.
- 윤병석, 『한말 의병장 열전』, 독립기념관, 1991.
- 이강훈, 『항일독립운동사』, 정음사, 1974.
- 이규창, 『운명의 여신』, 1992, 보련각.
- 이호룡, 『신채호 다시 읽기』, 돌베개, 2013.
- 이호룡, 『아나키스트들의 민족해방운동』, 한국독립운동사편찬위원회·한국독립운동

사연구소, 2008.
- 임형택, 『매천야록 해제』, 문학과지성사, 2005.
- 정화암, 『이 조국 어디로 갈 것인가—나의 회고록』, 자유문고, 1982.
- 하우봉, 『근대 여명기의 계몽적 역사가 매천 황현』, 하우봉 외, 『매천 황현과 역사서술』, 디자인흐름, 2011.
- 한영우선생정년기념논총간행위원회 편, 『63인의 역사학자가 쓴 한국사 인물 열전』 3권, 돌베개, 2003.
- 홍영기, 『대한제국기 호남의병 연구』, 일조각, 2004.
- 홍영기, 『한말 후기 의병』, 독립기념관 한국독립운동사연구소, 2009.
- 홍영기, 「황현」, 『한국사 시민강좌』 41, 2007.

도움 주신 곳

- 1920년대 『동아일보』(국사편찬위원회)
- 광복회
- 구파 백정기 의사 기념관
- 국가보훈처(공적조서, 공훈심사과, 공훈전자사료관)
- 고하 송진우 선생 기념사업회
- 네이버 캐스트(독립운동가)
- 독도의용수비대기념사업회
- 독립기념관
- 만해기념관
- 민족문제연구소
- 위키피디아
- 부산광복기념관
- 백범 김구 선생 기념사업회
- 서대문형무소역사관
- 안동독립운동기념관
- 안중근 의사 숭모회/기념관
- 우당기념관
- 이육사기념관

특히 대한민국 공무원으로서 공의로운 책무를 다하시는 각 보훈단체의 실무자들과 각 기념사업회 및 기념관에서 자료 수집 및 정리를 담당하시는 연구원들, 그리고 대한민국의 민족정신을 가르치는 사학과 교수님들에게 감사드립니다. 이분들의 노력과 연구가 없었다면 이 책 또한 출간되기 어려웠을 것입니다. 아무도 알아주지 않아도 자신의 위치에서 묵묵히 나라를 위해 헌신하신 또 다른 '잊혀진 영웅'들께 다시 한 번 진심으로 존경을 표합니다.

잊혀진 영웅들, 독립운동가

1판 1쇄 2017년 7월 7일
1판 4쇄 2019년 9월 10일

지은이 정상규
펴낸이 황상욱

기획 윤해승 **편집** 윤해승 황상욱
디자인 이보람 **마케팅** 최향모 이지민
제작 강신은 김동욱 임현식 **제작처** 한영문화사

펴낸곳 (주)휴먼큐브
출판등록 2015년 7월 24일 제406-2015-000096호
주소 10881 경기도 파주시 회동길 455-3 3층
문의전화 031-8071-8685(편집) 031-8071-8670(마케팅) 031-8071-8672(팩스)
전자우편 forviya@munhak.com

ISBN 979-11-960258-5-4 03910